PAPA FRANCISCO

LA FELICIDAD EN ESTA VIDA

PAPA FRANCISCO

LA FELICIDAD EN ESTA VIDA

Cómo el amor de Dios nos
sostiene, nos levanta y nos guía

Selección de Natale Benazzi

ORIGEN

Título original:
La felicità in questa vita
Una meditazione appassionata sull'esistenza terrena
por Jorge Mario Bergoglio, Papa Francisco

Primera edición: mayo de 2018

© 2017, Libreria Editrice Vaticana, Città del Vaticano
© 2017, Edizioni Piemme Spa, Milano/www.edizpiemme.it
Derechos adquiridos a través de:
Ute Körner Literary Agent, Barcelona, www.uklitag.com
© 2018, Penguin Random House Grupo Editorial USA, LLC.
8950 SW 74th Court, Suite 2010
Miami, FL 33156

www.librosorigen.com

Diseño de cubierta: Nick Misani
Fotografía de cubierta: © Franco Origlia/Getty Images

ISBN: 978-1-947783-38-6

Printed in USA

Penguin
Random House
Grupo Editorial

EL CAMINO DE LA FELICIDAD

Las Bienaventuranzas son el camino que Dios indica como respuesta al deseo de felicidad ínsito en el hombre, y perfeccionan los Mandamientos de la Antigua Alianza. Nosotros estamos acostumbrados a aprender los diez Mandamientos —cierto, todos lo conocen, lo han aprendido en la catequesis— pero no estamos acostumbrados a repetir las Bienaventuranzas. Intentemos, en cambio, recordarlas e imprimirlas en nuestro corazón.

Primera: «Bienaventurados los pobres de espíritu, porque de ellos es el Reino de los cielos».

«Bienaventurados los que lloran, porque ellos serán consolados».

«Bienaventurados los mansos, porque ellos heredarán la tierra».

«Bienaventurados los que tienen hambre y sed de justicia, porque ellos quedarán saciados».

«Bienaventurados los misericordiosos, porque ellos alcanzarán misericordia».

«Bienaventurados los limpios de corazón, porque ellos verán a Dios».

«Bienaventurados los que trabajan por la paz, porque ellos serán llamados hijos de Dios».

«Bienaventurados los perseguidos por la justicia, porque de ellos es el Reino de los cielos».

«Bienaventurados vosotros cuando os insulten y os persigan y os calumnien de cualquier modo por mi causa».

«Alegraos y regocijaos, porque vuestra recompensa será grande en el cielo».

Tomen el Evangelio, el que llevan con ustedes... Recuerden que deben llevar siempre un pequeño Evangelio con ustedes, en el bolsillo, en la cartera, siempre. En el capítulo 5 de Mateo están las Bienaventuranzas. Léanlas cada día para no olvidarlas, porque es la Ley que nos da Jesús.

En estas palabras está toda la novedad traída por Cristo, y toda la novedad de Cristo está en estas palabras. En efecto, las Bienaventuranzas son el retrato de Jesús, su forma de vida; y son el camino de la verdadera felicidad, que también nosotros podemos recorrer con la gracia que nos da Jesús.

Audiencia general, 6 de agosto de 2014

PRIMERA PARTE

TU VIDA EN BUSCA DE SENTIDO

SUEÑOS Y PROYECTOS, FUTURO Y ESPERANZAS

Con Jesús siempre nace y renace la alegría.

Evangelii gaudium

El evangelio de la vida cumplida

La alegría del Evangelio llena el corazón y la vida entera de los que se encuentran con Jesús. Quienes se dejan salvar por Él son liberados del pecado, de la tristeza, del vacío interior, del aislamiento.

Evangelii gaudium, 1

La gran pregunta: ¿es posible la esperanza, aquí y ahora?

Ciertamente, el *ritmo vertiginoso* al que estamos sujetos parecería robarnos la esperanza y la alegría. Las presiones y la impotencia frente a tantas situaciones parecerían endurecernos el alma y hacernos insensibles a los muchos desafíos. Y paradójicamente, cuando todo se acelera para construir —en teoría— una sociedad mejor, al final no se tiene tiempo para nada ni para nadie. Perdemos el tiempo para la familia, el tiempo para la comunidad, perdemos el tiempo para la amistad, para la solidaridad y para la memoria. Nos hará bien preguntarnos: ¿Cómo se puede experimentar la alegría del Evangelio hoy en nuestras ciudades? ¿Es posible la esperanza cristiana en esta situación, aquí y ahora?

Estas dos preguntas atañen a nuestra identidad, a la vida de nuestras familias, de nuestros países y de nuestras ciudades.

Homilía, 25 de marzo de 2017

Una ensalada con aceite...

Jesús acababa de hablar sobre el peligro de las riquezas, de qué tan difícil es que un rico entre en el Reino de los cielos. Y Pedro le hace una pregunta: «Nosotros hemos dejado todo para seguirte. ¿Cuál es nuestra ganancia?». Jesús, generoso, empieza a decirle a Pedro: «En verdad yo os digo: no hay nadie que haya dejado casa, o hermanos, o hermanas, o madre, o padre o campos por mí o por el Evangelio que no reciba ya en este tiempo cien veces más, y hermanos y hermanas y madres e hijos y campos...».

Quizá Pedro pensaba: «Ésta es una bonita actividad comercial, ir detrás de Jesús nos hace ganar cien veces más». Pero Jesús añade tres palabritas: «Junto a persecuciones». Y luego tendrás vida eterna. Sí, han dejado todo y recibirán aquí en la tierra muchas cosas, pero con la persecución.

Es como una ensalada con el aceite de la persecución. Ésta es la ganancia del cristiano y éste es el camino de quien quiere ir detrás de Jesús. Porque es el camino que él ha hecho: él ha sido perseguido.

Homilía en Santa Marta,
9 de junio de 2014

Abre el corazón a la lentitud del Reino

En las parábolas, Jesús nos enseña que el Reino entra humildemente en el mundo, y va creciendo silenciosa y constantemente allí donde es bien recibido por corazones abiertos a su mensaje de esperanza y salvación. El Evangelio nos enseña que el Espíritu de Jesús puede dar nueva vida al corazón humano y puede transformar cualquier situación, incluso aquellas aparentemente sin esperanza. ¡Jesús puede transformar cualquier situación! Éste es el mensaje que ustedes están llamados a compartir con sus coetáneos: en la escuela, en el mundo del trabajo, en su familia, en la universidad y en sus comunidades. Puesto que Jesús resucitó de entre los muertos, sabemos que tiene «palabras de vida eterna» (*Jn* 6, 68), y que su Palabra tiene el poder de tocar cada corazón, de vencer el mal con el bien, y de cambiar y redimir al mundo.

Discurso, 15 de agosto de 2014

¿Cómo vas con la alegría?

Lo escribía también san Pablo: «Alegraos siempre... el Señor está cerca» (*Flp* 4, 4-5). Me gustaría hacer una pregunta hoy. Pero que cada uno la lleve en el corazón a su casa. Como una tarea a realizar. Y responda personalmente: ¿Hay alegría en tu casa? ¿Hay alegría en tu familia? Den ustedes la respuesta.

Queridas familias, ustedes lo saben bien: la verdadera alegría que se disfruta en familia no es algo superficial, no viene de las cosas, de las circunstancias favorables... la verdadera alegría viene de la armonía profunda entre las personas, que todos experimentan en su corazón y que nos hace sentir la belleza de estar juntos, de sostenerse mutuamente en el camino de la vida. En el fondo de este sentimiento de alegría profunda está la presencia de Dios; la presencia de Dios en la familia es su amor acogedor, misericordioso, respetuoso hacia todos. Y sobre todo, un amor paciente: la paciencia es una virtud de Dios y nos enseña, en familia, a tener este amor paciente, el uno por el otro. Tener paciencia entre nosotros. Amor paciente. Sólo Dios sabe crear la armonía de las diferencias. Si falta el amor de Dios, también la familia pierde la armonía, prevalecen los individualismos y se apaga la alegría. Por el contrario, la familia que vive la alegría de la fe la comunica espontáneamente, es sal de la tierra y luz del mundo, es levadura para toda la sociedad.

Homilía, 27 de octubre de 2013

No frenes tus sueños

Quisiera decírselo especialmente a los más jóvenes que, también por su edad y por la visión de futuro que se abre ante sus ojos, saben estar disponibles y ser generosos. A veces las incógnitas y las preocupaciones por el futuro y las incertidumbres que afectan a la vida de cada día amenazan con paralizar su entusiasmo, de frenar sus sueños, hasta el punto de pensar que no vale la pena comprometerse y que el Dios de la fe cristiana limita su libertad. En cambio, queridos jóvenes, no tengan miedo a salir de ustedes mismos y a ponerse en camino. El Evangelio es la Palabra que libera, transforma y hace más bella nuestra vida.

Mensaje para la Jornada por las Vocaciones,
29 de marzo de 2015

¿No te sientes realizado?
Abandónate en los brazos de Dios

Muchas veces, en efecto, no logramos captar el designio de Dios, y nos damos cuenta de que no somos capaces de asegurarnos por nosotros mismos la felicidad y la vida eterna. Sin embargo, es precisamente en la experiencia de nuestros límites y de nuestra pobreza donde el Espíritu nos conforta y nos hace percibir que la única cosa importante es dejarnos conducir por Jesús a los brazos de su Padre.

Audiencia general, 11 de junio de 2014

15

El camino de vida de los santos (y el tuyo)

Pero si hay algo que caracteriza a los santos es que son realmente *felices*. Han encontrado el secreto de esa felicidad auténtica, que anida en el fondo del alma y que tiene su fuente en el amor de Dios. Por eso, a los santos se les llama bienaventurados.

Homilía, 1 de noviembre de 2016

Dios nos consuela como una madre

Como una madre toma sobre sí el peso y el cansancio de sus hijos, así quiere Dios cargar con nuestros pecados e inquietudes; Él, que nos conoce y ama infinitamente, es sensible a nuestra oración y sabe enjugar nuestras lágrimas. Cada vez que nos mira se conmueve y se enternece con un amor entrañable, porque, más allá del mal que podemos hacer, somos siempre sus hijos; desea tomarnos en brazos, protegernos, librarnos de los peligros y del mal. Dejemos que resuenen en nuestro corazón las palabras que hoy nos dirige: «Como una madre consuela, así os consolaré yo».

Homilía, 1 de octubre de 2016

La imagen de Cristo es tu realización

El creyente aprende a verse a sí mismo a partir de la fe que profesa: la figura de Cristo es el espejo en el que descubre su propia imagen realizada. Y como Cristo abraza en sí a todos los creyentes, que forman su cuerpo, el cristiano se comprende a sí mismo dentro de este cuerpo, en relación originaria con Cristo y con los hermanos en la fe.

Lumen fidei, 22

Sé niño en el abrazo del Espíritu

Cuando el Espíritu Santo entra en nuestro corazón, nos infunde consuelo y paz, y nos lleva a sentirnos tal como somos, es decir, pequeños, con esa actitud —tan recomendada por Jesús en el Evangelio— de quien pone todas sus preocupaciones y sus expectativas en Dios y se siente envuelto y sostenido por su calor y su protección, precisamente como un niño con su papá. Esto hace el Espíritu Santo en nuestro corazón: nos hace sentir como niños en los brazos de nuestro papá. En este sentido, entonces, comprendemos bien cómo el temor de Dios adquiere en nosotros la forma de la docilidad, del reconocimiento y de la alabanza, llenando nuestro corazón de esperanza.

Audiencia general, 11 de junio de 2014

Quiero un amor que sea para siempre

El corazón del ser humano aspira a cosas grandes, a valores importantes, a amistades profundas, a uniones que se fortalecen en las pruebas de la vida, en vez de partirse. El ser humano aspira a querer y a ser querido. Ésta es nuestra aspiración más profunda: amar y ser amado; es esto, definitivamente. La cultura de lo provisional no exalta nuestra libertad, nos hace carecer de nuestra verdadera suerte, de las metas más verdaderas y auténticas. Es una vida a trozos. Es triste llegar a cierta edad, mirar el camino que hemos hecho y encontrar que ha sido hecho en trozos diferentes, sin unidad, sin una finalidad: todo provisional...

Discurso, 5 de julio de 2014

En una época de «orfandad», tú tienes un padre

Dios no es un ser lejano y anónimo: es nuestro refugio, la fuente de nuestra serenidad y de nuestra paz. Es la roca de nuestra salvación, a la que podemos aferrarnos con la certeza de no caer; ¡quien se aferra a Dios no cae nunca! Es nuestra defensa contra el mal siempre al acecho. Dios es para nosotros el gran amigo, el aliado, el padre, pero no siempre nos damos cuenta. No nos damos cuenta de que nosotros tenemos un amigo, un aliado, un padre que nos quiere, y preferimos apoyarnos en bienes inmediatos que nosotros podemos tocar, en bienes contingentes, olvidando, y a veces rechazando, el bien supremo, es decir, el amor paterno de Dios. ¡Sentirlo como un Padre en esta época de orfandad es muy importante! En este mundo huérfano, sentirlo como un Padre.

Ángelus, 26 de febrero de 2017

No puedo...

Solos no podemos lograrlo. Frente a la presión de los acontecimientos y las modas, solos jamás lograremos encontrar el camino justo, y aunque lo encontráramos, no tendríamos suficiente fuerza para perseverar, para afrontar las subidas y los obstáculos imprevistos. Y aquí está la invitación del Señor Jesús: «Si quieres... sígueme». Nos invita para acompañarnos en el camino, no para explotarnos, no para convertirnos en esclavos, sino para hacernos libres. En esta libertad, nos invita para acompañarnos en el camino. Es así. Sólo *junto a Jesús*, invocándolo y siguiéndolo, tenemos una visión clara y la fuerza para llevarla adelante. Él nos ama definitivamente, nos ha elegido definitivamente, se ha entregado definitivamente a cada uno de nosotros. Es nuestro defensor y hermano mayor, y será nuestro único juez. ¡Cuán bello es afrontar las vicisitudes de la existencia en compañía de Jesús, tener con nosotros su Persona y su mensaje! Él no quita autonomía o libertad; al contrario, fortaleciendo nuestra fragilidad, nos permite ser verdaderamente libres, libres para hacer el bien, fuertes para seguir haciéndolo, capaces de perdonar y capaces de pedir perdón. Éste es Jesús, que nos acompaña, así es el Señor.

Discurso, 5 de julio de 2014

No te repliegues, no te dejes agobiar, no quedes prisionero

No se replieguen sobre ustedes mismos, no se dejen asfixiar por los pequeños líos de casa, no se queden prisioneros de sus problemas. Éstos se solucionarán si van afuera a ayudar a los otros a solucionar sus problemas y a anunciar la Buena Palabra. Encontrarán la vida dando la vida; la esperanza, dando la esperanza; el amor, queriendo.

Carta a los consagrados,
21 de noviembre de 2014

Sal de ti misma, sal de ti mismo: tendrás cien veces más

En la raíz de toda vocación cristiana se encuentra este movimiento fundamental de la experiencia de fe: creer quiere decir renunciar a uno mismo, salir de la comodidad y rigidez del propio yo para centrar nuestra vida en Jesucristo; abandonar, como Abraham, la propia tierra poniéndose en camino con confianza, sabiendo que Dios indicará el camino hacia la tierra nueva. Esta «salida» no hay que entenderla como un desprecio de la propia vida, del propio modo de sentir las cosas, de la propia humanidad; todo lo contrario, quien emprende el camino siguiendo a Cristo encuentra vida en abundancia, poniéndose del todo a disposición de Dios y de su reino. Dice Jesús: «El que por mí deja casa, hermanos o hermanas, padre o madre, hijos o tierras, recibirá cien veces más, y heredará la vida eterna» (*Mt* 19, 29). La raíz profunda de todo esto es el amor.

Mensaje de la Jornada por las Vocaciones,
29 de marzo de 2015

Rompe la barrera del miedo

Fue la primera palabra que el arcángel Gabriel dirigió a la Virgen: «Alégrate, llena de gracia, el Señor está contigo» (*Lc* 1, 28). La vida del que ha descubierto a Jesús se llena de un gozo interior tan grande, que nada ni nadie puede robárselo. Cristo da a los suyos la fuerza necesaria para no estar tristes ni agobiarse, pensando que los problemas no tienen solución. Apoyado en esta verdad, el cristiano no duda que aquello que se hace con amor engendra una serena alegría, hermana de esa esperanza que rompe la barrera del miedo y abre las puertas a un futuro prometedor.

Mensaje, 8 de septiembre de 2014

No nos contentemos con una vida «en pequeño»

¿Buscan de verdad la felicidad? En una época en que tantas apariencias de felicidad nos atraen, corremos el riesgo de contentarnos con poco, de tener una idea de la vida «en pequeño». ¡Aspiren, en cambio, a cosas grandes! ¡Ensanchen sus corazones! Como decía el beato Pier Giorgio

Frassati: «Vivir sin una fe, sin un patrimonio que defender, y sin sostener, en una lucha continua, la verdad, no es vivir, sino ir tirando. Jamás debemos ir tirando, sino vivir» (Carta a I. Bonini, 27 de febrero de 1925).

Mensaje para la JMJ, 21 de enero de 2014

Deja que el Espíritu abra tu corazón

He aquí por qué tenemos tanta necesidad de este don del Espíritu Santo. El temor de Dios nos hace tomar conciencia de que todo viene de la gracia y que nuestra verdadera fuerza está únicamente en seguir al Señor Jesús y en dejar que el Padre pueda derramar sobre nosotros su bondad y su misericordia. Abrir el corazón, para que la bondad y la misericordia de Dios vengan a nosotros. Esto hace el Espíritu Santo con el don del temor de Dios: abre los corazones. Corazón abierto con el fin de que el perdón, la misericordia, la bondad, la caricia del Padre vengan a nosotros, porque nosotros somos hijos infinitamente amados.

Audiencia general, 11 de junio de 2014

Hoy se necesita valor

¡Hoy es tiempo de misión y es tiempo de valor! Valor para reforzar los pasos titubeantes, de retomar el gusto de gastarse por el Evangelio, de retomar la confianza en la fuerza que la misión trae consigo. Es tiempo de valor, aunque tener valor no significa tener garantía de éxito. Se nos ha pedido valor para luchar, no necesariamente para vencer; para anunciar, no necesariamente para convertir. Se nos pide valor para ser alternativos al mundo, pero sin volvernos polémicos o agresivos jamás. Se nos pide valor para abrirnos a todos, pero sin disminuir lo absoluto y único de Cristo, único salvador de todos. Se nos pide valor para resistir a la incredulidad sin volvernos arrogantes. Se nos pide también el valor del publicano del Evangelio de hoy, que con humildad no se atrevía ni siquiera a levantar los ojos hacia el cielo, sino que se golpeaba el pecho diciendo: «Oh Dios, ten piedad de mí pecador». ¡Hoy es tiempo de valor! ¡Hoy se necesita valor!

Ángelus, 23 de octubre de 2016

Dios en corazón

El consuelo que necesitamos, en medio de las vicisitudes turbulentas de la vida, es la presencia de Dios en el corazón. Porque su presencia en nosotros es la fuente del verdadero consuelo, que permanece, que libera del mal, que trae la paz y acrecienta la alegría.

Homilía, 1 de octubre de 2016

¿Quién aburre al papa Francisco?

Cuando oigo hablar a un joven o una joven del Señor, o a un catequista o una catequista, no sé, una persona cualquiera, yo me aburro. Hablamos del Señor con tristeza. Él ha hablado de alegría: es éste el secreto. Hablar del Señor con alegría, a esto se llama testimonio cristiano. ¿Entienden?

Encuentro, 15 de enero de 2017

Sé persona que canta la vida

Ser personas que cantan la vida, que cantan la fe. Esto es importante: no sólo recitar el Credo, recitar la fe, conocer la fe, sino cantar la fe. Esto es. Decir la fe, vivir la fe con alegría, y a esto se llama «cantar la fe». Y no lo digo yo, lo dijo san Agustín hace 1600 años: «¡Cantar la fe!».

Discurso, 3 de mayo de 2014

Los alambiques del miedo

Es más fácil creer en un fantasma que en Cristo vivo. Es más fácil ir con un nigromante a que te adivine el futuro, que te tire las cartas, que fiarse de la esperanza de un Cristo triunfante, de un Cristo que venció la muerte. Es más fácil una idea, una imaginación, que la docilidad a ese Señor que surge de la muerte y ¡vaya a saber a qué cosas te invita! Ese proceso de relativizar tanto la fe nos termina alejando del encuentro, alejando de la caricia de Dios. Es como si «destiláramos» la realidad del encuentro con Jesucristo en el alambique del miedo, en el alambique de la excesiva seguridad, del querer controlar nosotros mismos

el encuentro. Los discípulos le tenían miedo a la alegría...
Y nosotros también.

Homilía, 24 de abril de 2014

La felicidad no se compra

La felicidad no se compra. Y cuando compras una felicidad, después te das cuenta de que esa felicidad se ha esfumado... La felicidad que se compra no dura. Solamente la felicidad del amor, ésa es la que dura.

Y el camino del amor es sencillo: ama a Dios y ama al prójimo, tu hermano, que está cerca de ti, que tiene necesidad de amor y de muchas otras cosas. «Pero, padre, ¿cómo sé yo si amo a Dios?» Simplemente si amas al prójimo, si no odias, si no tienes odio en tu corazón, amas a Dios. Ésa es la prueba segura.

Discurso, 15 de enero de 2014

¿Quieres irte tú también?

Jesús nos pide que respondamos a su propuesta de vida, que decidamos cuál es el camino que queremos recorrer para llegar a la verdadera alegría. Se trata de un gran desafío para la fe. Jesús no tuvo miedo de preguntar a sus discípulos si querían seguirle de verdad o si preferían irse por otros caminos (*cf. Jn* 6, 67). Y Simón, llamado Pedro, tuvo el valor de contestar: «Señor, ¿a quién vamos a acudir? Tú tienes palabras de vida eterna» (*Jn* 6, 68). Si saben decir «sí» a Jesús, entonces su vida joven se llenará de significado y será fecunda.

Mensaje para la JMJ, 2014

Mira tus talentos, mira tus límites: ¡no estás solo!

Personas capaces de reconocer los propios talentos y los propios límites, que saben ver en sus jornadas, incluso en las más sombrías, los signos de la presencia del Señor. Alégrense porque el Señor los ha llamado a ser corresponsables de la misión de su Iglesia. Alégrense porque en este camino no están solos: está el Señor que los acompaña, están sus obispos y sacerdotes que los sostienen, están sus comunidades parroquiales, sus comunidades diocesanas con las que comparten el camino. ¡No están solos!

Discurso, 3 de mayo de 2014

Enfrenta la vida con fuerza, y no como si estuvieras harto

Es muy triste ver a una juventud «harta», pero débil.

San Juan, al escribir a los jóvenes, decía: «Sois fuertes y la palabra de Dios permanece en vosotros, y habéis vencido al Maligno» (1 *Jn* 2, 14). Los jóvenes que escogen a Jesús son fuertes, se alimentan de su Palabra y no se «atiborran» de otras cosas. Atrévanse a ir a contracorriente. Sean capaces de buscar la verdadera felicidad. ¡Digan no a la cultura de lo provisional, de la superficialidad y del usar y tirar, que no los considera capaces de asumir responsabilidades y de afrontar los grandes desafíos de la vida!

Mensaje para la JMJ, 2014

No tengas miedo de arriesgar la alegría

En el Evangelio que acabamos de escuchar los discípulos no alcanzan a creer la alegría que tienen, porque no pueden creer a causa de esa alegría. Así dice el Evangelio. Miremos la escena: Jesús ha resucitado, los discípulos de Emaús han narrado su experiencia, Pedro también cuenta que lo vio; luego, el mismo Señor se aparece en la sala y les dice: «Paz a ustedes». Varios sentimientos irrumpen en el corazón de los discípulos: miedo, sorpresa, duda y, por fin, alegría. Una alegría tan grande, que por esta alegría «no alcanzaban a creer». Estaban atónitos, pasmados, y Jesús, casi esbozando una sonrisa, les pide algo de comer y comienza a explicarles, despacio, la Escritura, abriendo su entendimiento para que puedan comprenderla. Es el momento del estupor, del encuentro con Jesucristo, donde tanta alegría nos parece mentira; más aún, asumir el gozo y la alegría en ese momento nos resulta arriesgado y sentimos la tentación de refugiarnos en el escepticismo, del «no es para tanto».

Homilía, 24 de abril de 2014

El estilo de Jesús es nuestra libertad

La finalidad de Jesús al hacerse pobre no es la pobreza en sí misma, sino —dice san Pablo— «... *para enriqueceros con su pobreza*». No se trata de un juego de palabras, ni de una expresión para causar sensación. Al contrario, es una síntesis de la lógica de Dios, la lógica del amor, la lógica de la Encarnación y la Cruz. Dios no hizo caer sobre nosotros la salvación desde lo alto, como la limosna de quien da parte de lo que para él es superfluo con aparente piedad filantrópica. ¡El amor de Cristo no es esto! Cuando Jesús entra en las aguas del Jordán y se hace bautizar por Juan el Bautista, no lo hace porque necesita penitencia, conversión; lo hace para estar en medio de la gente necesitada de perdón, entre nosotros, pecadores, y cargar con el peso de nuestros pecados. Éste es el camino que ha elegido para consolarnos, salvarnos, liberarnos de nuestra miseria.

Mensaje para la Cuaresma, 2014

Todos, digámoslo: ¡«Con Jesús la alegría está en casa»!

Jesús vino a traer la alegría a todos y para siempre. No se trata de una alegría que sólo se puede esperar o postergar para el momento que llegue el paraíso: aquí en la tierra estamos tristes, pero en el paraíso estaremos alegres. ¡No! No es ésta, sino una alegría que ya es real y posible de experimentar ahora, porque *Jesús mismo es nuestra alegría*, y con Jesús la alegría está en casa, como dice ese cartel de ustedes: con Jesús la alegría está en casa. Todos, digá-moslo: «Con Jesús la alegría está en casa». Otra vez: «Con Jesús la alegría está en casa». Y sin Jesús, ¿hay alegría? ¡No! ¡Bravo! Él está vivo, es el Resucitado, y actúa en nosotros y entre nosotros, especialmente con la Palabra y los Sacramentos.

Ángelus, 14 de diciembre de 2014

¡Venid a mí, todos los que están cansados!

Hay unas palabras de Jesús, en el Evangelio de Mateo, que vienen en nuestra ayuda: *«Vengan a mí todos los que están cansados y agobiados, y yo les aliviaré»* (*Mt* 11, 28). La vida a menudo es pesada, muchas veces incluso trágica. Lo hemos oído recientemente... Trabajar cansa; buscar trabajo es duro. Y encontrar trabajo hoy requiere mucho esfuerzo. Pero lo que más pesa en la vida no es esto: lo que más cuesta de todas estas cosas es la falta de amor. Pesa no recibir una sonrisa, no ser querido. Algunos silencios pesan, a veces incluso en la familia, entre marido y mujer, entre padres e hijos, entre hermanos. Sin amor las dificultades son más duras, inaguantables. Pienso en los ancianos solos, en las familias que lo pasan mal porque no reciben ayuda para atender a quien necesita cuidados especiales en la casa. *«Vengan a mí todos los que están cansados y agobiados»*, dice Jesús.

Discurso, 26 de octubre de 2013

Fuente, manifestación, animación

El Padre es la fuente de la alegría. El Hijo es su manifestación, y el Espíritu Santo, el animador. Inmediatamente después de alabar al Padre, como dice el evangelista Mateo, Jesús nos invita: «Venid a mí todos los que estáis cansados y agobiados, y yo os aliviaré. Tomad mi yugo y aprended de mí, que soy manso y humilde de corazón, y encontraréis descanso. Porque mi yugo es suave y mi carga ligera» (11, 28-30). «La alegría del Evangelio llena el corazón y la vida entera de los que se encuentran con Jesús. Quienes se dejan salvar por Él son liberados del pecado, de la tristeza, del vacío interior, del aislamiento. Con Jesucristo siempre nace y renace la alegría» (Exhort. ap. *Evangelii gaudium*, 1).

De este encuentro con Jesús, la Virgen María ha tenido una experiencia singular y se ha convertido en *causa nostrae laetitiae*. Y los discípulos a su vez han recibido el llamado para estar con Jesús y a ser enviados por Él para predicar el Evangelio, y así se ven colmados de alegría. ¿Por qué no entramos también nosotros en este torrente de alegría?

Mensaje, 8 de junio de 2014

Deja tu cántaro

En el Evangelio de la Samaritana hallamos el estímulo para «dejar nuestro cántaro», símbolo de todo lo que aparentemente es importante, pero que pierde valor ante el «amor de Dios». ¡Todos tenemos uno o más de uno! Yo les pregunto a ustedes, también a mí: ¿cuál es tu cántaro interior, ese que te pesa, el que te aleja de Dios? Dejémoslo un poco aparte y con el corazón escuchemos la voz de Jesús, que nos ofrece otra agua, otra agua que nos acerca al Señor. Estamos llamados a redescubrir la importancia y el sentido de nuestra vida cristiana, iniciada en el bautismo y, como la samaritana, a dar testimonio a nuestros hermanos. ¿De qué? De la alegría. Testimoniar la alegría del encuentro con Jesús, porque he dicho que todo encuentro con Jesús nos cambia la vida, y también todo encuentro con Jesús nos llena de alegría, esa alegría que viene de dentro. Así es el Señor. Y contar cuántas cosas maravillosas sabe hacer el Señor en nuestro corazón, cuando tenemos el valor de dejar aparte nuestro cántaro.

Ángelus, 23 de marzo de 2014

Sal de ti y busca la luz

Quien quiere la luz sale de sí y busca: no permanece encerrado, quieto a ver qué sucede a su alrededor, sino que pone en juego su propia vida; sale de sí. La vida cristiana es un camino continuo, hecho de esperanza, hecho de búsqueda; un camino que, como aquel de los Reyes Magos, prosigue incluso cuando la estrella desaparece momentáneamente de la vista. En este camino hay también insidias que hay que evitar: las charlas superficiales y mundanas, que frenan el paso; los caprichos paralizantes del egoísmo; los agujeros del pesimismo, que atrapan a la esperanza.

Ángelus, 6 de enero de 2017

No te contentes con metas pequeñas

No se dejen robar el deseo de construir en su vida cosas grandes y sólidas. Esto es lo que los lleva adelante. No se contenten con metas pequeñas. Aspiren a la felicidad, tengan valentía, la valentía de salir de ustedes mismos, y de jugarse plenamente su futuro junto con Jesús.

Discurso, 5 de julio de 2014

Rechaza las ofertas «a bajo precio»

Si de verdad dejan emerger las aspiraciones más profundas de su corazón, se darán cuenta de que en ustedes hay un deseo inextinguible de felicidad, y esto les permitirá desenmascarar y rechazar tantas ofertas «a bajo precio» que encontrarán a su alrededor. Cuando buscamos el éxito, el placer, el poseer en modo egoísta y los convertimos en ídolos, podemos experimentar también momentos de embriaguez, un falso sentimiento de satisfacción, pero al final nos hacemos esclavos, nunca estamos satisfechos, y sentimos la necesidad de buscar cada vez más.

Mensaje para la JMJ, 2014

La alegría de Dios es la presencia de Jesús entre nosotros

En este tercer domingo la liturgia nos propone otra actitud interior con la cual vivir esta espera del Señor, es decir, la alegría. La alegría de Jesús, como dice ese cartel: «Con Jesús la alegría está en casa». Esto es, nos propone la alegría de Jesús.

El corazón del hombre desea la alegría. Todos deseamos la alegría, cada familia, cada pueblo aspira a la felicidad. ¿Pero cuál es la alegría que el cristiano está llamado a vivir y testimoniar? Es la que viene de la *cercanía de Dios*, de su *presencia* en nuestra vida. Desde que Jesús entró en la historia, con su nacimiento en Belén, la humanidad recibió un brote del Reino de Dios, como un terreno que recibe la semilla, promesa de la cosecha futura. ¡Ya no es necesario buscar en otro sitio!

Ángelus, 14 de diciembre de 2014

Ama la belleza, busca la verdad

Para mí, una persona joven que ama la verdad y la busca, ama la bondad y es buena, es una persona buena, y busca y ama la belleza, está en un buen camino y seguramente encontrará a Dios. Antes o después lo encontrará. Pero el camino es largo, y algunas personas no encuentran este camino en la vida. No lo encuentran de manera consciente. Pero son tan verdaderos y tan honrados consigo mismos, tan buenos y tan amantes de la belleza, que al final tienen una personalidad muy madura, capaz de un encuentro con Dios. Porque el encuentro con Dios es una gracia... Es un camino por recorrer... Cada uno debe encontrarlo personalmente. A Dios no se le encuentra por lo que dicen otros, ni se paga para encontrar a Dios. Es un camino personal, debemos encontrarlo así. No sé si he respondido a tu pregunta...

Encuentro con jóvenes, 31 de marzo de 2014

Una escena llena de luz

Jesús entra en Jerusalén. La muchedumbre de los discípulos lo acompaña festivamente, se extienden los mantos ante Él, se habla de los prodigios que ha hecho, se eleva un grito de alabanza: «¡Bendito el que viene como rey, en nombre del Señor! Paz en el cielo y gloria en lo alto» (*Lc* 19, 38).

Gentío, fiesta, alabanza, bendición, paz. Se respira un clima de alegría. Jesús ha despertado en el corazón tantas esperanzas, sobre todo entre la gente humilde, simple, pobre, olvidada, esa que no cuenta a los ojos del mundo. Él ha sabido comprender las miserias humanas, ha mostrado el rostro de misericordia de Dios y se ha inclinado para curar el cuerpo y el alma.

Éste es Jesús. Éste es su corazón atento a todos nosotros, que ve nuestras debilidades, nuestros pecados. El amor de Jesús es grande. Y, así, entra en Jerusalén con este amor, y nos mira a todos nosotros. Es una bella escena, llena de luz —la luz del amor de Jesús, de su corazón—, de alegría, de fiesta.

Homilía, 24 de marzo de 2014

Cuando florece el almendro

El bien siempre nos atrae, la verdad nos atrae, la vida, la felicidad, la belleza nos atrae... Jesús es el punto de encuentro de esta atracción mutua, y de este doble movimiento. Es Dios y hombre: Jesús. Dios y hombre. ¿Pero quién toma la iniciativa? ¡Siempre Dios! El amor de Dios viene siempre antes del nuestro. Él siempre toma la iniciativa. Él nos espera, Él nos invita, la iniciativa es siempre suya. Jesús es Dios que se hizo hombre, se encarnó, nació por nosotros. La nueva estrella que apareció a los Reyes Magos era el signo del nacimiento de Cristo. Si no hubiesen visto la estrella, esos hombres no se hubiesen puesto en camino. La luz nos precede, la verdad nos precede, la belleza nos precede. Dios nos precede. El profeta Isaías decía que Dios es como la flor del almendro. ¿Por qué? Porque en esa tierra el almendro es el primero en florecer. Y Dios siempre precede, siempre nos busca Él primero, Él da el primer paso.

Ángelus, 6 de enero de 2014

Santa Teresa de Ávila, maestra de alegría

Teresa de Jesús invita a sus monjas a «andar alegres sirviendo» (*Camino* 18, 5). La verdadera santidad es alegría, porque «un santo triste es un triste santo». Los santos, antes que héroes esforzados, son fruto de la gracia de Dios a los hombres. Cada santo nos manifiesta un rasgo del multiforme rostro de Dios. En santa Teresa contemplamos al Dios que, siendo «soberana Majestad, eterna

35

Sabiduría» (*Poesía* 2), se revela cercano y compañero, que tiene sus delicias en conversar con los hombres: Dios se alegra con nosotros. Y, al sentir su amor, le nacía a la Santa una alegría contagiosa que no podía disimular y que transmitía a su alrededor. Esta alegría es un camino que hay que andar toda la vida. No es instantánea, superficial, bullanguera. Hay que procurarla ya «a los principios» (*Vida* 13, 1). Expresa el gozo interior del alma, es humilde y «modesta» (*cf. Fundaciones* 12, 1). No se alcanza por el atajo fácil que evita la renuncia, el sufrimiento o la cruz, sino que se encuentra padeciendo trabajos y dolores (*cf. Vida* 6, 2; 30, 8), mirando al Crucificado y buscando al Resucitado (*cf. Camino* 26, 4). De ahí que la alegría de santa Teresa no sea egoísta ni autorreferencial. Como la del cielo, consiste en «alegrarse de que se alegren todos» (*Camino* 30, 5), poniéndose al servicio de los demás con amor desinteresado. Al igual que a uno de sus monasterios en dificultades, la Santa nos dice también hoy a nosotros, especialmente a los jóvenes: «¡No dejen de andar alegres!» (*Carta* 284, 4). ¡El Evangelio no es una bolsa de plomo que se arrastra pesadamente, sino una fuente de gozo que llena de Dios el corazón y lo impulsa a servir a los hermanos!

Mensaje, 15 de octubre de 2014

¿Cuál será mi camino?

También yo me la hice en su momento: ¿Qué camino he de elegir? ¡Tú no tienes que elegir ningún camino! Lo tiene que elegir el Señor. Jesús lo ha elegido. Tú tienes que escucharle a él y preguntarle: Señor, ¿qué tengo que hacer?

Ésta es la oración que un joven debería hacer: «Señor, ¿qué quieres de mí?». Y con la oración y el consejo de algunos amigos de verdad —laicos, sacerdotes, religiosas, obispos, papas... también el Papa puede dar un buen consejo—, con su consejo, encontrar el camino que el Señor quiere para mí.

Discurso, 15 de agosto de 2014

Elogio del reposo

El descanso es necesario para la salud de nuestras mentes y cuerpos, aunque a menudo es muy difícil de lograr debido a las numerosas obligaciones que recaen sobre nosotros. Pero el descanso es también esencial para nuestra salud espiritual, para que podamos escuchar la voz de Dios y entender lo que Él nos pide.

Discurso, 16 de enero de 2015

Cultiva la confianza en los hombres y en Dios

Muchas veces tenemos confianza en un médico: está bien, porque el médico está para curarnos. Tenemos confianza en una persona: los hermanos, las hermanas, nos pueden ayudar. Está bien tener esta confianza humana, entre nosotros. Pero olvidamos la confianza en el Señor: ésta es la clave del éxito en la vida. La confianza en el Señor,

37

confiémonos al Señor. «Señor, mira mi vida: estoy en la oscuridad, tengo esta dificultad, tengo este pecado…»; todo lo que tenemos: «Mira esto: yo me confío a ti». Y ésta es una apuesta que debemos hacer: confiarnos a Él, y nunca decepciona. ¡Nunca, nunca! Oigan bien ustedes muchachos y muchachas que comienzan ahora la vida: Jesús no decepciona nunca. Jamás. Éste es el testimonio de Juan: Jesús, el bueno, el manso, que terminará como un cordero, muerto. Sin gritar. Él vino para salvarnos, para quitar el pecado. El mío, el tuyo y el del mundo: todo, todo.

Homilía, 19 de enero de 2014

Reza y da las gracias…

El apóstol san Pablo dice a los Tesalonicenses: «Hermanos, estad siempre alegres». ¿Y cómo puedo estar alegre? Él dice: «Sed constantes en orar. Dad gracias en toda ocasión». La alegría cristiana la encontramos en la oración, viene de la oración y también de la acción de dar gracias a Dios: «Gracias, Señor, por tantas cosas hermosas».

Homilía, 14 de diciembre de 2014

Prepara en tu corazón una casa para Jesús

José fue elegido por Dios para ser el padre putativo de Jesús y el esposo de María. Como cristianos, también ustedes están llamados, al igual que José, a construir un hogar para Jesús. Preparar una casa para Jesús. Le preparan un hogar en sus corazones, sus familias, sus parroquias y comunidades.

Discurso, 16 de enero de 2015

Piensa en las cosas buenas

Dar gracias. ¿Y cómo hago para dar gracias? Recuerda tu vida, y piensa en las muchas cosas buenas que te dio la vida: muchas. «Sí, Padre, es verdad, pero yo recibí muchas cosas malas». «Sí, es verdad, le sucede a todos. Pero piensa en las cosas buenas». «Yo tuve una familia cristiana, padres cristianos, gracias a Dios tengo un trabajo, mi familia no pasa hambre, estamos todos sanos...». No lo sé, muchas cosas, y dar gracias al Señor por esto. Y ello nos acostumbra a la alegría. Rezar, dar gracias...

Homilía, 14 de diciembre de 2014

EL SECRETO DE LA VIDA

Las Bienaventuranzas son el camino,
la meta hacia la patria.
Son el camino de vida que el Señor nos enseña,
para que sigamos sus huellas.

1 de noviembre de 2016

Dios sigue creciendo

Como ayer, Dios sigue buscando aliados, sigue buscando hombres y mujeres capaces de creer, capaces de hacer memoria, de sentirse parte de su pueblo para cooperar con la creatividad del Espíritu. Dios sigue recorriendo nuestros barrios y nuestras calles, va a todas partes en busca de corazones capaces de escuchar su invitación y de hacerla convertirse en carne aquí y ahora. Parafraseando a san Ambrosio en su comentario sobre este pasaje, podemos decir: Dios sigue buscando corazones como el de María, dispuestos a creer incluso en condiciones absolutamente excepcionales.

Homilía, 25 de marzo de 2017

No estamos hechos para pequeñeces

Confiemos en la acción de Dios. Con Él podemos hacer cosas grandes y sentiremos el gozo de ser sus discípulos, sus testigos. Apuesten por los grandes ideales, por las cosas grandes. Los cristianos no hemos sido elegidos por el Señor para pequeñeces. Hemos de ir siempre más allá, hacia las cosas grandes. Jóvenes, pongan en juego su vida por grandes ideales.

Homilía, 28 de abril de 2014

¿No sientes cuánto tu corazón está inquieto?

Todas las personas de todos los tiempos y de cualquier edad buscan la felicidad. Dios ha puesto en el corazón del hombre y de la mujer un profundo anhelo de felicidad, de plenitud. ¿No notan que sus corazones están inquietos y en continua búsqueda de un bien que pueda saciar su sed de infinito?

Mensaje para la JMJ, 31 de enero de 2015

Experimentarás la paz

Al proclamar las Bienaventuranzas, Jesús nos invita a seguirle, a recorrer con Él el camino del amor, el único que lleva a la vida eterna. No es un camino fácil, pero el Señor nos asegura su gracia y nunca nos deja solos. Pobreza, aflicciones, humillaciones, lucha por la justicia, cansancios en la conversión cotidiana, dificultades para vivir la llamada a la santidad, persecuciones y otros muchos desafíos están presentes en nuestra vida. Pero si abrimos la puerta a Jesús, si dejamos que Él esté en nuestra vida, si compartimos con Él las alegrías y los sufrimientos, experimentaremos una paz y una alegría que sólo Dios, amor infinito, puede dar.

Mensaje para la JMJ, *21 de enero de 2014*

El camino de la verdadera realización

Siempre nos hace bien leer y meditar las Bienaventuranzas. Jesús las proclamó en su primera gran predicación, a orillas del lago de Galilea. Había un gentío tan grande, que subió a un monte para enseñar a sus discípulos; por eso, esa predicación se llama el «Sermón de la Montaña». En la Biblia, el monte es el lugar donde Dios se revela, y Jesús, predicando desde el monte, se presenta como maestro divino, como un nuevo Moisés. Y ¿qué enseña? Jesús enseña el camino de la vida, el camino que Él mismo recorre, es más, que Él mismo *es*, y lo propone como *camino para la verdadera felicidad*.

Mensaje para la JMJ, *21 de enero de 2014*

No te dejes cegar por la presunción

Dios ha escondido todo a aquellos que están demasiado llenos de sí mismos y pretenden saberlo ya todo. Están cegados por su propia presunción y no dejan espacio a Dios. Uno puede pensar fácilmente en algunos de los contemporáneos de Jesús, que Él mismo amonestó en varias ocasiones, pero se trata de un peligro que siempre ha existido, y que nos afecta también a nosotros. En cambio, los «pequeños» son los humildes, los sencillos, los pobres, los marginados, los sin voz, los que están cansados y oprimidos, a los que Jesús ha llamado «benditos». Se puede pensar fácilmente en María, en José, en los pescadores de Galilea, y en los discípulos llamados a lo largo del camino, en el curso de su predicación.

Mensaje, 8 de junio de 2014

Todo el Reino de Dios se encuentra en las Bienaventuranzas

En toda su vida, desde el nacimiento en la gruta de Belén hasta la muerte en la cruz y la resurrección, Jesús encarnó las Bienaventuranzas. Todas las promesas del Reino de Dios se han cumplido en Él.

Mensaje para la JMJ, 21 de enero de 2014

Eres bienaventurado sólo cuando eres convertido

Jesús manifiesta la voluntad de Dios de conducir a los hombres a la felicidad. Este mensaje estaba ya presente en la predicación de los profetas: Dios está cerca de los pobres y de los oprimidos y los libera de quienes los maltratan. Pero en esta predicación, Jesús sigue un camino particular: comienza con el término «bienaventurados», es decir, felices; prosigue con la indicación de la condición para ser tales; y concluye haciendo una promesa. El motivo de las Bienaventuranzas, es decir, de la felicidad, no está en la condición requerida —«pobres de espíritu», «afligidos», «hambrientos de justicia», «perseguidos»...— sino en la sucesiva promesa, que hay que acoger con fe como don de Dios. Se comienza con las condiciones de dificultad para abrirse al don de Dios y acceder al mundo nuevo, el «Reino» anunciado por Jesús. No es un mecanismo automático, sino un camino de vida para seguir al Señor, para quien la realidad de miseria y aflicción es vista en una perspectiva nueva y vivida según la conversión que se lleva a cabo. No se es bienaventurado si no se convierte, para poder apreciar y vivir los dones de Dios.

Ángelus, 29 de enero de 2017

La búsqueda de la felicidad

La palabra *bienaventurados* (*felices*) aparece nueve veces en esta primera gran predicación de Jesús (*cf. Mt* 5, 1-12). Es como un estribillo que nos recuerda la llamada del Señor a recorrer con Él un camino que, a pesar de todas las dificultades, conduce a la verdadera felicidad.

Mensaje para la JMJ, 31 de enero de 2015

El *Magnificat* de María nos introduce a las Bienaventuranzas

El *Magnificat* así nos introduce en las «Bienaventuranzas», síntesis y ley primordial del mensaje evangélico. A su luz, hoy, nos sentimos movidos a pedir una gracia. La gracia tan cristiana de que el futuro de América Latina sea forjado por los pobres y los que sufren, por los humildes, por los que tienen hambre y sed de justicia, por los compasivos, por los de corazón limpio, por los que trabajan por la paz, por los perseguidos a causa del nombre de Cristo, «porque de ellos es el Reino de los cielos» (*cf. Mt* 5, 1-11). Sea la gracia de ser forjados por ellos a los cuales, hoy día, el sistema idolátrico de la cultura del descarte los relega a la categoría de esclavos, de objetos de aprovechamiento o simplemente desperdicio.

Homilía, 12 de diciembre de 2014

Confiar en el Señor

La primera Bienaventuranza, tema de la próxima Jornada Mundial de la Juventud, declara felices a los *pobres en espíritu*, porque a ellos pertenece el Reino de los cielos. En un tiempo en el que tantas personas sufren a causa de la crisis económica, poner la pobreza al lado de la felicidad puede parecer algo fuera de lugar. ¿En qué sentido podemos hablar de la pobreza como una bendición?

En primer lugar, intentemos comprender lo que significa *«pobres en espíritu»*. Cuando el Hijo de Dios se hizo hombre, eligió un camino de pobreza, de humillación. Como dice san Pablo en la Carta a los Filipenses: «Tened entre vosotros los sentimientos propios de Cristo Jesús. El cual, siendo de condición divina, no retuvo ávidamente el ser igual a Dios; al contrario, se despojó de sí mismo tomando la condición de esclavo, hecho semejante a los hombres» (2, 5-7). Jesús es Dios que se despoja de su gloria. Aquí vemos la elección de la pobreza por parte de Dios: siendo rico, se hizo pobre para enriquecernos con su pobreza (*cf. 2 Cor* 8, 9). Es el misterio que contemplamos en el belén, viendo al Hijo de Dios en un pesebre, y después en una cruz, donde la humillación llega hasta el final.

El adjetivo griego *ptochós* (*pobre*) no sólo tiene un significado material, sino que quiere decir «mendigo». Está ligado al concepto judío de *anawim*, los «pobres de Yahvé», que evoca humildad, conciencia de los propios límites, de la propia condición existencial de pobreza. Los *anawim* se fían del Señor, saben que dependen de Él.

Mensaje para la JMJ, 21 de enero de 2014

¿Eres persona de «más tengo, más quiero»?

«Bienaventurados los pobres en espíritu, porque de ellos es el Reino de los cielos» (Mt 5, 4). El pobre en espíritu es el que ha asumido los sentimientos y la actitud de esos pobres que en su condición no se rebelan, pero saben que son humildes, dóciles, dispuestos a la gracia de Dios. La felicidad de los pobres en espíritu tiene una doble dimensión: en lo relacionado con los bienes y en lo relacionado con Dios. Respecto a los bienes materiales esta pobreza en espíritu es sobriedad: no necesariamente renuncia, sino capacidad de gustar lo esencial, de compartir; capacidad de renovar cada día el estupor por la bondad de las cosas, sin sobrecargarse en la monotonía del consumo voraz. Más tengo, más quiero; más tengo, más quiero. Éste es el consumo voraz y esto mata el alma. El hombre o la mujer que hace esto, que tiene esta actitud, «más tengo, más quiero», no es feliz y no llegará a la felicidad. En lo relacionado con Dios, es alabanza y reconocimiento que el mundo es bendición y que en su origen está el amor creador del Padre. Pero es también apertura a Él, docilidad a su señoría, es Él el Señor, es Él el grande. No soy yo el grande porque tengo muchas cosas. Es Él el que ha querido que el mundo perteneciera a los hombres, y lo ha querido así para que los hombres fueran felices.

Ángelus, 29 de enero de 2017

María, pobre en espíritu

Cuánta necesidad tenemos de conversión, de hacer que la lógica del *ser más* prevalezca sobre la del *tener más*. Los santos son los que más nos pueden ayudar a entender el significado profundo de las Bienaventuranzas.

El *Magníficat*, el cántico de María, pobre en espíritu, es también el canto de quien vive las Bienaventuranzas. La alegría del Evangelio brota de un corazón pobre, que sabe regocijarse y maravillarse por las obras de Dios, como el corazón de la Virgen, a quien todas las generaciones llaman «dichosa» (*cf. Lc* 1, 48). Que Ella, la madre de los pobres y la estrella de la nueva evangelización, nos ayude a vivir el Evangelio, a encarnar las Bienaventuranzas en nuestra vida, a atrevernos a ser felices.

Mensaje para la JMJ, 21 de enero de 2014

La alegría de los pobres creyentes

Los gozos más bellos y espontáneos que he visto en mis años de vida son los de personas muy pobres que tienen poco a que aferrarse. También recuerdo la genuina alegría de aquellos que, aun en medio de grandes compromisos profesionales, han sabido conservar un corazón creyente, desprendido y sencillo.

Evangelii gaudium, 7

Sé mendigo de Dios

Jesús, como entendió perfectamente santa Teresa del Niño Jesús, en su Encarnación se presenta como un mendigo, un necesitado en busca de amor. El *Catecismo de la Iglesia Católica* habla del hombre como un «mendigo de Dios» (n.º 2559) y nos dice que la oración es el encuentro de la sed de Dios con nuestra sed (n.º 2560).

San Francisco de Asís comprendió muy bien el secreto de la Bienaventuranza de los pobres de espíritu. De hecho, cuando Jesús le habló en la persona del leproso y en el Crucifijo, reconoció la grandeza de Dios y su propia condición

49

de humildad. En la oración, el *Poverello* pasaba horas preguntando al Señor: «¿Quién eres tú? ¿Quién soy yo?» Se despojó de una vida acomodada y despreocupada para desposarse con la «Señora Pobreza», para imitar a Jesús y seguir el Evangelio al pie de la letra. Francisco vivió inseparablemente la *imitación de Cristo pobre* y el *amor a los pobres*, como las dos caras de una misma moneda.

Mensaje para la JMJ, 21 de enero de 2014

Escoge la «rica pobreza y la pobre riqueza»

¿Qué es, pues, esta pobreza con la que Jesús nos libera y nos enriquece? Es precisamente su modo de amarnos, de estar cerca de nosotros, como el buen samaritano que se acerca a ese hombre que todos habían abandonado medio muerto al borde del camino (*cf. Lc* 10, 25ss). Lo que nos da verdadera libertad, verdadera salvación y verdadera felicidad es su amor lleno de compasión, de ternura, que quiere compartir con nosotros. La pobreza de Cristo que nos enriquece consiste en el hecho que se hizo carne, cargó con nuestras debilidades y nuestros pecados, comunicándonos la misericordia infinita de Dios. La pobreza de Cristo es la mayor riqueza: la riqueza de Jesús es su confianza ilimitada en Dios Padre, es encomendarse a Él en todo momento, buscando siempre y solamente su voluntad y su gloria. Es rico como lo es un niño que se siente amado por sus padres y los ama, sin dudar ni un instante de su amor y su ternura. La riqueza de Jesús radica en el hecho de ser *el Hijo*, su relación única con el Padre es la prerrogativa soberana de este Mesías pobre. Cuando Jesús nos invita a tomar su «yugo llevadero», nos invita a enriquecernos con esta «rica pobreza» y «pobre riqueza» suyas, a compartir con Él su espíritu filial y fraterno, a convertirnos en hijos en el Hijo, hermanos en el Hermano Primogénito (*cf. Rom* 8, 29).

Se ha dicho que la única verdadera tristeza es no ser santos (L. Bloy); podríamos decir también que hay una única verdadera miseria: no vivir como hijos de Dios y hermanos de Cristo.

Mensaje para la Cuaresma, 2014

¿Tienes las manos y el corazón abiertos?

El pobre en espíritu es el cristiano que no se fía de sí mismo, de las riquezas materiales, no se obstina en las propias opiniones, sino que escucha con respeto y se remite con gusto a las decisiones de los otros. Si en nuestras comunidades hubiera más pobres en espíritu, ¡habría menos divisiones, contrastes y polémicas! La humildad, como la caridad, es una virtud esencial para la convivencia en las comunidades cristianas. Los pobres, en este sentido evangélico, aparecen como aquellos que mantienen viva la meta del Reino de los cielos, haciendo ver que esto viene anticipado como semilla en la comunidad fraterna, que privilegia el compartir, antes que la posesión. Esto quisiera subrayarlo: privilegiar el compartir antes que la posesión. Siempre tener las manos y el corazón así [el Papa hace un gesto con la mano abierta], no así [hace un gesto con el puño cerrado].

Cuando el corazón está así [cerrado] es un corazón pequeño, ni siquiera sabe cómo amar. Cuando el corazón está así
[abierto] va sobre el camino del amor.

Ángelus, 29 de enero de 2017

La Iglesia es la casa de los afligidos

La Iglesia, misionera por naturaleza, tiene como prerrogativa fundamental el servicio de la caridad a todos. La
fraternidad y la solidaridad universal son connaturales
a su vida y a su misión en el mundo y por el mundo. La
evangelización, que debe llegar a todos, está llamada, sin
embargo, a partir de los últimos, de los pobres, de los que
tienen las espaldas dobladas bajo el peso y la fatiga de la
vida. Actuando así, la Iglesia prolonga la misión de Cristo
mismo, quien ha «venido para que tengan vida y la tengan
en abundancia» (*Jn* 10, 10). La Iglesia es el pueblo de las
Bienaventuranzas, la casa de los pobres, de los afligidos,
de los excluidos y perseguidos, de quienes tienen hambre
y sed de justicia.

Discurso, 9 de mayo de 2014

Cultiva en ti el don de la mansedumbre

El don de la piedad significa ser verdaderamente capaces
de gozar con quien experimenta alegría, llorar con quien
llora, estar cerca de quien está solo o angustiado, corregir a
quien está en el error, consolar a quien está afligido, acoger

y socorrer a quien pasa necesidad. Hay una relación muy estrecha entre el don de la piedad y la mansedumbre. El don de la piedad que nos da el Espíritu Santo nos hace apacibles, nos hace serenos, pacientes, en paz con Dios, al servicio de los demás con mansedumbre.

Audiencia general, 4 de junio de 2014

Mira al futuro con los ojos de la fe

Miremos con ojos de fe hacia el futuro. Nuestra tristeza es una semilla que algún día dará como fruto la alegría que el Señor ha prometido a los que confían en sus palabras: «Bienaventurados los que lloran, porque ellos serán consolados» (*Mt* 5, 5).

La *compasión* de Dios, su sufrimiento con nosotros, le da sentido y valor eterno a nuestras luchas. El deseo de ustedes de darle las gracias por todos los bienes recibidos, aun cuando se ha perdido tanto, no indica sólo el triunfo de la resistencia y la fortaleza del pueblo filipino, sino también un signo de la bondad de Dios, de Su cercanía, Su ternura, Su poder salvador.

Homilía, 17 de enero de 2015

Cambia el mundo, redescubre la humildad

Las Bienaventuranzas son el perfil de Cristo y, por tanto, lo son del cristiano. Entre ellas, quisiera destacar una: «*Bienaventurados los mansos*». Jesús dice de sí mismo:

«Aprended de mí que soy manso y humilde de corazón» (*Mt* 11, 29). Éste es su retrato espiritual y nos descubre la riqueza de su amor. La mansedumbre es un modo de ser y de vivir que nos acerca a Jesús y nos hace estar unidos entre nosotros; logra que dejemos de lado todo aquello que nos divide y nos enfrenta, y se busquen modos siempre nuevos para avanzar en el camino de la unidad... Los santos logran cambios gracias a la mansedumbre del corazón. Con ella comprendemos la grandeza de Dios y lo adoramos con sinceridad; y además es la actitud del que no tiene nada que perder, porque su única riqueza es Dios.

Homilía, 1 de noviembre de 2016

La debilidad del Cordero

Jesús es llamado el Cordero: es el Cordero que quita el pecado del mundo. Uno puede pensar: ¿pero cómo, un cordero, tan débil, un corderito débil, cómo puede quitar tantos pecados, tantas maldades? Con el Amor, con su mansedumbre. Jesús no dejó nunca de ser cordero: manso, bueno, lleno de amor, cercano a los pequeños, cercano a los pobres. Estaba allí, entre la gente, curaba a todos, enseñaba, oraba. Tan débil Jesús, como un cordero. Pero tuvo la fuerza de cargar sobre sí todos nuestros pecados, todos. «Pero, padre, usted no conoce mi vida: yo tengo un pecado que..., no puedo cargarlo ni siquiera con un camión...». Muchas veces, cuando miramos nuestra conciencia, encontramos en ella algunos que son grandes. Pero Él los carga. Él vino para esto: para perdonar, para traer la paz al mundo, pero antes al corazón. Tal vez cada uno de nosotros tiene un tormento en el corazón, tal vez tiene oscuridad en el corazón, tal vez se siente un poco triste por una culpa... Él vino a quitar todo esto, Él nos da la paz, Él perdona todo. «Éste es el Cordero de Dios que quita el pecado»: quita el pecado con la raíz y todo. Ésta es la salvación de Jesús, con su amor y con su mansedumbre. Y escuchando lo que dice Juan Bautista, quien da testimonio de Jesús como Salvador, debemos crecer en la confianza en Jesús.

Homilía, 19 de enero de 2014

Los chismes, enemigos de la mansedumbre

La mansedumbre en la comunidad es una virtud un poco olvidada. Dejar con mansedumbre el lugar al otro. Hay muchos enemigos de la mansedumbre, empezando por los chismes ¿no? Cuando se prefiere hablar, hablar del otro, se castiga al otro. Son cosas cotidianas que le pasan a todos, incluso a mí.

Son tentaciones del Maligno, que no quiere que el Espíritu venga entre nosotros y nos otorgue esta paz, esta mansedumbre en la comunidad cristiana. Vamos a la iglesia, y las señoras del Catecismo luchan contra las de la Caridad. Siempre existen estas luchas. También en la familia o en el barrio. Igual entre amigos. Ésa no es la vida nueva.

Cuando llega el Espíritu y nos hace emerger a una vida nueva, nos hace mansos, caritativos. No juzgar a nadie: el Señor es el único juez. Si, con la gracia del Espíritu, nos rehusamos a rumorar, daremos un gran paso hacia adelante, y se hará un bien a todos. Pedimos al Señor que haga tangible a nosotros y al mundo la belleza y la plenitud de esta vida nueva, del nacer del Espíritu que llega a la comunidad de los creyentes y los hace mansos, caritativos unos con otros; respetuosos. Pedimos esta gracia para todos nosotros.

Meditación matutina en Santa Marta,
9 de abril de 2014

No dejarte deslumbrar...

La luz de Jesús es una luz humilde. No es una luz que se impone, es humilde. Es una luz apacible, con la fuerza de la mansedumbre; es una luz que habla al corazón y es también una luz que ofrece la cruz. Si nosotros, en nuestra luz interior, somos hombres mansos, oímos la voz de Jesús en el corazón y contemplamos sin miedo la cruz en la luz de Jesús... Debemos distinguir siempre: donde está Jesús hay siempre humildad, mansedumbre, amor y cruz. Jamás encontraremos, en efecto, a Jesús sin humildad, sin mansedumbre, sin amor y sin cruz. Él hizo el primero este camino de luz. Debemos ir tras Él sin miedo, porque «Jesús tiene la fuerza y la autoridad para darnos esta luz».

Meditación matutina en Santa Marta,
3 de septiembre de 2013

... imita la tranquila luz de Jesús...

No es una luz de ignorancia, ¡no, no! Es una luz de sabiduría, de prudencia; pero es otra cosa. La luz que nos ofrece el mundo es una luz artificial. Tal vez fuerte, más fuerte que la de Jesús, ¿eh? Fuerte como un fuego artificial, como un flash de fotografía. En cambio, la luz de Jesús es una luz mansa, es una luz tranquila, es una luz de paz. Es como la luz de la noche de Navidad: sin pretensiones. Es así: se ofrece y da paz. La luz de Jesús no da espectáculo; es una luz que llega al corazón.

Meditación matutina en Santa Marta,
3 de septiembre de 2013

... contempla su sufrimiento

Sólo contemplando la humanidad dolorida de Jesús podemos convertirnos en mansos, humildes, dulces, tiernos como él. No hay otro camino. Tenemos que esforzarnos para buscar a Jesús; pensar en su pasión, en cuánto sufrió; pensar en su silencio manso. Éste será nuestro esfuerzo; del resto se encarga él y hará todo lo que haga falta. Pero tú tienes que hacer esto: albergar tu vida en Dios con el Cristo.

¿Para dar testimonio? Contempla a Jesús.

¿Para perdonar? Contempla a Jesús sufriendo.

¿Para no odiar al prójimo? Contempla a Jesús sufriendo.

¿Para no hacer chismes? Contempla a Jesús sufriendo. No hay otro camino.

Meditación matutina en Santa Marta,
3 de septiembre de 2013

Eres un cordero, no te portes como un lobo

Jesús nos ha dicho: «Yo os envío como ovejas en medio de lobos. Sed prudentes, pero sencillos». Pero si nos dejamos atrapar por el espíritu de la vanidad y pensamos confrontar a los lobos haciéndonos pasar por lobos «éstos nos comerán vivos». Porque si dejan de ser oveja, no tienen un pastor que los defienda y caerán en las manos de esos lobos. Me pueden preguntar: «Padre, ¿cuál es el arma para defenderse de estas seducciones, de estos fuegos artificiales que hace el príncipe de este mundo, de sus tentaciones?» El arma es la misma de Jesús: la palabra de Dios, además de la humildad y la mansedumbre. Pensemos en Jesús cuando le dan una bofetada: qué humildad, qué mansedumbre. Pudo insultar, pero en lugar de eso sólo hizo una pregunta humilde y mansa. Pensemos en Jesús, en su pasión. El profeta dice de él: «como oveja que va al matadero, no grita nada». La humildad. Humildad y mansedumbre: éstas son las armas que el príncipe del mundo, el espíritu del mundo no soporta, porque sus propuestas son de poder mundano, propuestas de vanidad, propuestas de riqueza. La humildad y la mansedumbre no las tolera.

Homilía en Santa Marta, 4 de mayo de 2013

Ve otra vez, y ve y ve y ve

Nos da vergüenza decir la verdad: hice esto, pensé esto. Pero la vergüenza es una verdadera virtud cristiana y también humana. La capacidad de avergonzarse: no sé si en italiano se diga así, pero en nuestra tierra a quien no sabe avergonzarse se le llama sinvergüenza. Éste es un sinvergüenza, porque no tiene la capacidad de avergonzarse. Avergonzarse es una virtud del humilde.

Humildad y mansedumbre son como el marco de una vida cristiana. Un cristiano siempre va así, en la humildad y en la mansedumbre. Y Jesús nos espera para perdonarnos. Podemos hacerle una pregunta: ¿entonces ir a confesarse no es ir a una sesión de tortura? ¡No! Es ir a alabar a Dios, porque yo, pecador, he sido salvado por Él. ¿Y Él me espera para castigarme? No, espera con mansedumbre, para perdonarme. ¿Y si mañana hago lo mismo? Ve otra vez, y ve y ve y ve. Él siempre nos espera. Nos espera esta ternura del Señor, esta humildad, esta mansedumbre.

Homilía en Santa Marta, 29 de abril de 2013

Pensarán que eres necio

Jesús dice: nada de guerras, nada de odio. Paz, mansedumbre. Alguien podría objetar: «Si yo soy tan manso en la vida, pensarán que soy un necio». Tal vez es así, sin embargo, dejemos incluso que los demás piensen esto: pero tú sé manso, porque con esta mansedumbre tendrás como herencia la tierra.

Homilía en Santa Marta, 9 de junio de 2014

No confundas la nada con el todo

El cristiano es manso, el cristiano es magnánimo. Ensancha su corazón. Pero cuando encontramos cristianos con el corazón encogido, quiere decir que viven un egoísmo disfrazado de cristianismo.

Jesús nos ha aconsejado: «Ante todo, buscad el Reino de Dios y su justicia, y el resto vendrá de ello». El Reino de Dios es el todo; el resto es secundario, no es lo principal.

Todos los errores de la Iglesia, todos nuestros errores nacen de aquí: cuando decimos a la nada que es el todo; y al todo, que parece no ser importante.

Homilía en Santa Marta,
17 de junio de 2013

Lucha por la justicia y contra las injusticias

Bienaventurados los que tienen hambre y sed de justicia es una afirmación dirigida a quienes luchan por la justicia, para que haya justicia en el mundo.

Jesús dice: son bienaventurados los que luchan contra estas injusticias. Vemos precisamente que es una doctrina a contracorriente respecto a lo que el mundo nos dice.

Homilía en Santa Marta,
9 de junio de 2014

Ten hambre de justicia y hambre de dignidad

Es necesario dar el pan a quien tiene hambre; es un acto de justicia. Pero hay también un hambre más profunda: el hambre de una felicidad que sólo Dios puede saciar. Hambre de dignidad. No hay una verdadera promoción del bien común, ni un verdadero desarrollo del hombre, cuando se ignoran los pilares fundamentales que sostienen una nación, sus bienes inmateriales: *la vida*, que es un don de Dios, un valor que siempre se ha de tutelar y promover; *la familia*, fundamento de la convivencia y remedio contra la desintegración social; *la educación integral*, que no se reduce a una simple transmisión de información con el objetivo de producir ganancias; *la salud,* que debe buscar el bienestar integral de la persona, incluyendo la dimensión espiritual, esencial para el equilibrio humano y una sana convivencia; *la seguridad*, en la convicción de que la violencia sólo se puede vencer partiendo del cambio del corazón humano.

Homilía, 25 de julio de 2013

Sé misericordioso, porque tú también serás perdonado

Bienaventurados los misericordiosos, porque ellos alcanzarán misericordia. Se trata de los que perdonan, comprenden los errores de los demás. Jesús no dice: bienaventurados los que planean venganza, o que dicen ojo por ojo, diente por diente, sino que llama bienaventurados a aquellos que perdonan, a los misericordiosos. ¡Y todos nosotros somos un ejército de perdonados! ¡Todos nosotros hemos sido perdonados! Y por esto es bienaventurado quien va por esta senda del perdón.

Homilía en Santa Marta,
9 de junio de 2014

¡Dios es alegre, porque es misericordioso!

El capítulo 15 del Evangelio de Lucas contiene las tres parábolas de la misericordia: la de la oveja perdida, la de la moneda extraviada y, después la más larga de las parábolas, típica de san Lucas, la del padre y los dos hijos, el hijo «pródigo» y el hijo que se cree «justo», que se cree santo. Estas tres parábolas hablan de la alegría de Dios. Dios es alegre. Es interesante esto: ¡Dios es alegre! ¿Y cuál es la alegría de Dios? La alegría de Dios es perdonar, ¡la alegría de Dios es perdonar! Es la alegría de un pastor que reencuentra su oveja; la alegría de una mujer que halla su moneda; es la alegría de un padre que vuelve a acoger en casa al hijo que se había perdido, que estaba como muerto y ha vuelto a la vida, ha vuelto a casa. ¡Aquí está todo el Evangelio! ¡Aquí! ¡Aquí está todo el Evangelio, está todo el cristianismo! Pero miren que no es sentimiento, no es «buenismo». Al contrario, la misericordia es la verdadera fuerza que puede salvar al hombre y al mundo del «cáncer» que es el pecado, el mal moral, el mal espiritual. Sólo el amor llena los vacíos, las vorágines negativas que el mal abre en el corazón y en la historia. Sólo el amor puede hacer esto, y ésta es la alegría de Dios.

Ángelus, 15 de septiembre de 2013

Un corazón puro es un corazón que sabe amar

«Bienaventurados los puros de corazón» es una frase de Jesús que se refiere a cuantos tienen un corazón simple, limpio, sin suciedad: un corazón que sabe amar con aquella pureza tan bella.

Homilía en Santa Marta, 9 de junio de 2014

El «corazón» es tu capacidad de amar

Antes que nada, hay que comprender el significado bíblico de la palabra *corazón*. Para la cultura semita el corazón es el centro de los sentimientos, de los pensamientos y de las intenciones de la persona humana. Si la Biblia nos enseña que Dios no mira las apariencias, sino al corazón (*cf. 1 Sam* 16, 7), también podríamos decir que es desde nuestro corazón desde donde podemos ver a Dios. Esto es así porque nuestro corazón concentra al ser humano en su totalidad y unidad de cuerpo y alma, su capacidad de amar y ser amado.

Mensaje para la JMJ, 31 de enero de 2015

No pierdas la limpieza de la existencia

En cuanto a la definición de *limpio,* la palabra griega utilizada por el evangelista Mateo es *katharos*, que significa fundamentalmente *puro, libre de sustancias contaminantes.*

Jesús dice categóricamente: «Nada que entre de fuera puede hacer al hombre impuro; lo que sale de dentro es lo que hace impuro al hombre. Porque de dentro, del corazón del hombre, salen los malos propósitos, las fornicaciones, robos, homicidios, adulterios, codicias, injusticias, fraudes, desenfreno, envidia, difamación, orgullo, frivolidad» (*Mc* 7, 15.21-22).

Por tanto, ¿en qué consiste la felicidad que sale de un corazón puro? Por la lista que hace Jesús de los males que vuelven al hombre impuro, vemos que se trata sobre todo de algo que tiene que ver con el campo de nuestras *relaciones.*

Mensaje para la JMJ, 31 de enero de 2015

Desarrolla una ecología humana

Cada uno tiene que aprender a descubrir lo que puede «contaminar» su corazón, formarse una conciencia recta y sensible, capaz de «discernir lo que es la voluntad de Dios, lo bueno, lo que agrada, lo perfecto» (*Rm* 12, 2). Si hemos de estar atentos y cuidar adecuadamente la creación, para que el aire, el agua, los alimentos no estén contaminados, mucho más tenemos que cuidar la pureza de lo más precioso que tenemos: *nuestros corazones y nuestras relaciones*. Esta «ecología humana» nos ayudará a respirar el aire puro que proviene de las cosas bellas, del amor verdadero, de la santidad.

Mensaje para la JMJ, 31 de enero de 2015

La paz no tiene malentendidos, ni engaños

«Bienaventurados los que trabajan por la paz». Es muy común ser agentes de guerras o al menos agentes de malentendidos. Sucede cuando escucho algo de alguien y voy a otro y se los digo; e incluso hago una segunda versión un poco más amplia y la difundo. Es el mundo de las habladurías, hecho por gente que critica, que no construye la paz. Y no es ciertamente bienaventurada.

Homilía en Santa Marta, 9 de junio de 2014

No hay futuro sin paz

La paz no es sólo ausencia de guerra, sino una condición general en la cual la persona humana está en armonía consigo misma, en armonía con la naturaleza y en armonía con los demás. Esto es la paz. Sin embargo, hacer callar las armas y apagar los focos de guerra sigue siendo la condición inevitable para dar comienzo a un camino que conduce a alcanzar la paz en sus diferentes aspectos. Pienso en los conflictos que aún ensangrientan demasiadas zonas del planeta, en las tensiones en las familias y en las comunidades —¡en cuántas familias, en cuántas comunidades, incluso parroquiales, existe la guerra!—, así como en los contrastes encendidos en nuestras ciudades y en nuestros países entre grupos de diversas extracciones culturales, étnicas y religiosas. Tenemos que convencernos, no obstante toda apariencia contraria, que la concordia es siempre posible, a todo nivel y en toda situación. ¡No hay futuro sin propósitos y proyectos de paz! ¡No hay futuro sin paz!

Ángelus, 4 de enero de 2015

Lucha por la justicia, ¡a pesar de las persecuciones!

«Bienaventurados los perseguidos por causa de la justicia»: cuánta gente es perseguida y ha sido perseguida sencillamente por haber luchado por la justicia.

Homilía en Santa Marta, 9 de junio de 2014

Estamos salvados, ¡por eso somos perseguidos!

Dios nos ha redimido. Nos ha elegido por pura gracia. Con su muerte y resurrección nos ha redimido del poder del mundo, del poder del diablo, del poder del príncipe de este mundo. El origen del odio es éste: estamos salvados y aquel príncipe del mundo, que no quiere que estemos salvados, nos odia y origina la persecución que, desde los primeros tiempos de Jesús, continúa hasta hoy. Muchas comunidades cristianas son perseguidas en el mundo. ¡Eh!, más ahora que en los primeros tiempos. Hoy, ahora, hoy día, en este momento. ¿Por qué? Porque el espíritu del mundo odia.

Homilía en Santa Marta,
4 de mayo de 2013

Toma decisiones definitivas y radicales

Confiarse a la fidelidad del Señor: es una opción —dijo el Papa— «que también nosotros tenemos la oportunidad de hacer en nuestra vida cristiana». A veces se trata de «una opción grande, difícil». En la historia de la Iglesia, y también en nuestro tiempo, hay hombres, mujeres, ancianos y jóvenes que hacen esta elección. Y nos damos cuenta «cuando conocemos la vida de los mártires, cuando leemos en los periódicos las persecuciones de los cristianos, hoy. Pensemos en estos hermanos y hermanas que se encuentran en situaciones al límite y que hacen esta elección. Ellos viven en este tiempo. Son un ejemplo para nosotros. Nos alientan a dejar en el tesoro de la Iglesia todo lo que tenemos para vivir».

Homilía en Santa Marta,
25 de noviembre de 2013

Haz la revolución de la felicidad contra el pensamiento dominante

Las Bienaventuranzas de Jesús son portadoras de una novedad revolucionaria, de un modelo de felicidad opuesto al que habitualmente nos comunican los *medios de comunicación*, la opinión dominante. Para la mentalidad mundana, es un escándalo que Dios haya venido para hacerse uno de nosotros, que haya muerto en una cruz. En la lógica de este mundo, los que Jesús proclama bienaventurados son considerados «perdedores», débiles. En cambio, son exaltados el éxito a toda costa, el bienestar, la arrogancia del poder, la afirmación de sí mismo en perjuicio de los demás.

Mensaje para la JMJ,
21 de enero de 2014

Tu carnet de identidad cristiana

Las Bienaventuranzas son de alguna manera el *carnet de identidad* del cristiano, que lo identifica como seguidor de Jesús. Estamos llamados a ser bienaventurados, seguidores de Jesús, afrontando los dolores y angustias de nuestra época con el espíritu y el amor de Jesús. Así, podríamos señalar nuevas situaciones para vivirlas con el espíritu renovado y siempre actual: Bienaventurados los que soportan con fe los males que otros les infligen y perdonan de corazón; bienaventurados los que miran a los ojos a los descartados y marginados mostrándoles cercanía; bienaventurados los que reconocen a Dios en cada persona y luchan para que otros también lo descubran; bienaventurados los que protegen y cuidan la casa común; bienaventurados los que renuncian al propio bienestar por el bien de otros; bienaventurados los que rezan y trabajan por la plena comunión de los cristianos... Todos ellos son portadores de la misericordia y ternura de Dios, y recibirán ciertamente de él la recompensa merecida.

Homilía, 1 de noviembre de 2016

PERSONAS LIBRES Y LIBERADAS

Cuidad de manera especial la vida espiritual,
que es la fuente de la libertad interior.
Sin oración no hay libertad interior.

6 de junio de 2013

Liberados del poder de las cosas

Ante todo, intenten ser *libres en relación con las cosas*. El Señor nos llama a un estilo de vida evangélico de sobriedad, a no dejarnos llevar por la cultura del consumo. Se trata de buscar lo esencial, de aprender a despojarse de tantas cosas superfluas que nos ahogan. Desprendámonos de la codicia del tener, del dinero idolatrado y después derrochado. Pongamos a Jesús en primer lugar. Él nos puede liberar de las idolatrías que nos convierten en esclavos. ¡Fíense de Dios, queridos jóvenes! Él nos conoce, nos ama y jamás se olvida de nosotros. Así como cuida de los lirios del campo (*cf. Mt* 6, 28), no permitirá que nos falte nada. También para superar la crisis económica hay que estar dispuestos a cambiar de estilo de vida, a evitar tanto derroche. Igual que se necesita valor para ser felices, también es necesario el valor para ser sobrios.

Mensaje para la JMJ, 21 de enero de 2014

Ve más allá de los cálculos de la eficiencia humana

Por último, es importante aprender del Evangelio el estilo del anuncio. Muchas veces sucede que, también con la mejor intención, se acabe cediendo a un cierto afán de poder, al proselitismo o al fanatismo intolerante. Sin embargo, el Evangelio nos invita a rechazar la idolatría del éxito y del poder, la preocupación excesiva por las estructuras, y una cierta ansia que responde más a un espíritu de conquista, que de servicio. La semilla del Reino, aunque pequeña, invisible y tal vez insignificante, crece silenciosamente gracias a la obra incesante de Dios: «El reino de Dios se parece a un hombre que echa semilla en la tierra. Él duerme de noche y se levanta de mañana; la semilla germina y va creciendo, sin que él sepa cómo» (*Mc* 4, 26-27). Ésta es nuestra principal confianza: Dios supera nuestras expectativas y nos sorprende con su generosidad, haciendo germinar los frutos de nuestro trabajo más allá de lo que se puede esperar de la eficiencia humana.

Mensaje para la Jornada por las Vocaciones, 2017

Cesa de sentarte a la mesa de la esclavitud

Existe siempre en nuestro camino existencial una tendencia a resistir a la liberación; tenemos miedo a la libertad y, paradójicamente, preferimos más o menos inconscientemente la esclavitud. La libertad nos asusta porque nos sitúa ante el tiempo y ante nuestra responsabilidad de vivirlo bien. La esclavitud, en cambio, reduce el tiempo a «momentos» y así nos sentimos más seguros; es decir, nos hace vivir momentos desvinculados de su pasado y de nuestro futuro. En otras palabras, la esclavitud nos impide vivir plenamente y realmente el presente, porque lo vacía del pasado y lo cierra ante el futuro, ante la eternidad. La esclavitud nos hace creer que no podemos soñar, volar y esperar.

Decía hace algunos días un gran artista italiano que para el Señor fue más fácil sacar a los israelitas de Egipto, que quitar Egipto del corazón de los israelitas. Habían sido, «sí», liberados «materialmente» de la esclavitud, pero durante la marcha por el desierto, con las diversas dificultades y el hambre, comenzaron a sentir nostalgia de Egipto y recordar cuando «comían... cebollas y ajo» (*cf. Nm* 11, 5); pero se olvidaban, sin embargo, que allí lo comían en la mesa de la esclavitud. En nuestro corazón anida la nostalgia de la esclavitud, porque aparentemente es más tranquilizadora, más que la libertad, que es mucho más arriesgada. Cómo nos gusta estar enjaulados por muchos fuegos artificiales, aparentemente hermosos pero que en realidad duran sólo pocos instantes. Y esto es el reino, esto es la fascinación del momento.

Homilía, 31 de diciembre de 2014

Sé humano porque eres más que humano

Llegamos a ser plenamente humanos cuando somos más que humanos, cuando le permitimos a Dios que nos lleve más allá de nosotros mismos para alcanzar nuestro ser más verdadero. Allí está el manantial de la acción evangelizadora. Porque si alguien ha acogido ese amor que le devuelve el sentido de la vida, ¿cómo puede contener el deseo de comunicarlo a otros?

Evangelii gaudium, 8

Sé libre de ofrecerte

La verdadera libertad la da siempre el Señor. La libertad ante todo del pecado, del egoísmo en todas sus formas: la libertad de darse y de hacerlo con alegría, como la Virgen de Nazaret que es libre de sí misma, no se repliega en su condición —y habría tenido buen motivo para ello— pero piensa en quien, en ese momento, tiene más necesidad. Es libre en la libertad de Dios, que se realiza en el amor. Y ésta es la libertad que nos ha dado Dios, y nosotros no debemos perderla: la libertad de adorar a Dios, de servir a Dios y de servirlo también en nuestros hermanos.

Homilía, 5 de julio de 2014

No seas un siervo de tus miras personales

Pero, ¿qué significa tener libertad interior?

Ante todo significa estar libres de proyectos personales, estar libres de proyectos personales, de algunas de las modalidades concretas con las que tal vez, un día, habían pensado vivir su sacerdocio, de la posibilidad de programar el futuro... Significa, en cierto modo, llegar a ser libres también respecto a la cultura y a la mentalidad de la cual proceden, no para olvidarla y mucho menos para negarla, sino para abrirse, en la caridad, a la comprensión de culturas diversas y al encuentro con hombres que pertenecen a mundos incluso muy lejanos del suyo. Sobre todo, significa velar para estar libres de ambiciones o miras personales, que tanto mal pueden causar a la Iglesia, teniendo cuidado de poner siempre en primer lugar no su realización, o el reconocimiento que podrían recibir dentro y fuera de la comunidad eclesial, sino el bien superior de la causa del Evangelio y la realización de la misión que se les confiará. Y este estar libres de ambiciones o miras personales, para mí, es importante, es importante. El *carrerismo* es una lepra, una lepra. Por favor: nada de *carrerismo*.

Discurso, 6 de junio de 2013

Dios quiere mujeres y hombres sin cadenas

Dios nos muestra que Él es el Padre bueno. ¿Y cómo hace esto? ¿Cómo lo hace? Lo hace a través de la Encarnación de su Hijo, que se hace como uno de nosotros. A través de este hombre concreto de nombre Jesús podemos comprender lo que Dios verdaderamente quiere. Él quiere personas humanas libres, porque se sienten siempre protegidas como hijos de un Padre bueno.

Para realizar este designio, Dios necesita sólo una persona humana. Necesita una mujer, una madre, que traiga al Hijo al mundo. Ella es la Virgen María, que veneramos con esta celebración vespertina. María fue totalmente libre. En su libertad dijo «sí». Ella realizó el bien para siempre. Así sirvió a Dios y a los hombres. Ella sirvió a Dios y a los hombres. Imitemos su ejemplo, si queremos saber lo que Dios espera de nosotros, sus hijos.

Encuentro, 5 de agosto de 2014

Piensa siempre en lo que haces

Querría pararme sobre dos valores fundamentales: la libertad y el servicio. Antes de todo: ¡sean personas libres! ¿Qué quiero decir? Se piensa quizá que libertad es hacer todo lo que se quiere; o más bien aventurarse en experiencias límite para probar la ebriedad y vencer el aburrimiento. Ésta no es libertad. Libertad quiere decir saber pensar sobre lo que hacemos, saber valorar lo que es bien y lo que es mal, lo que son los comportamientos que hacen crecer; quiere decir siempre elegir el bien. Nosotros somos libres para el bien. ¡No tengan miedo de ir a contracorriente, aunque no es fácil! Ser libre para elegir siempre el bien es laborioso, pero los hará personas que tienen la espina dorsal, que saben enfrentarse a la vida, personas con ánimo y paciencia (*parresia* e *ypomoné*).

Discurso, 7 de junio de 2013

La inquietud es una buena semilla

Cuando siento que un joven o una joven tiene inquietud, siento que es mi deber servir a estos jóvenes, prestar un servicio a esta inquietud, porque esta inquietud es como una semilla, y después irá adelante y dará frutos. Y yo en este momento siento que con ustedes estoy prestando un servicio a lo que es más valioso, en este momento, que es su inquietud.

Encuentro con los jóvenes,
31 de marzo de 2014

Acepta los Mandamientos como el camino para tu realización completa

Los diez Mandamientos indican un camino de libertad, que encuentra plenitud en la ley del Espíritu escrita no en tablas de piedra, sino en el corazón (*cf. 2 Co* 3, 3): ¡Aquí están escritos los diez Mandamientos! Es fundamental recordar cuando Dios da al pueblo de Israel, por medio de Moisés, los diez Mandamientos. En el mar Rojo el pueblo había experimentado la gran liberación; había tocado con su mano el poder y la fidelidad de Dios, del Dios que hace libres. Ahora, Dios mismo, en el monte Sinaí indica a su pueblo y a todos nosotros el itinerario para permanecer libres, un camino que está grabado en el corazón del hombre, como una ley moral universal (*cf. Ex* 20, 1-17; *Dt* 5, 1-22). No debemos ver los diez Mandamientos como limitaciones a la libertad, no, no es esto, sino que debemos verlos como indicaciones *para* la libertad. No son limitaciones, sino ¡indicaciones para la libertad! Ellos nos enseñan a evitar la esclavitud a la que nos reducen tantos ídolos que construimos nosotros mismos —lo hemos experimentado muchas veces en la historia y lo experimentamos también hoy—. Ellos nos enseñan a abrirnos a una dimensión más amplia que la material; a vivir el respeto por las personas, venciendo la codicia de poder, de posesión, de dinero; a ser honestos y sinceros en nuestras relaciones; a custodiar toda la creación y nutrir nuestro planeta de ideales altos, nobles, espirituales. Seguir los diez Mandamientos significa ser fieles a nosotros mismos, a nuestra naturaleza más auténtica y caminar hacia la libertad auténtica que Cristo enseñó en las Bienaventuranzas.

Videomensaje, 8 de junio de 2013

Entra en la vida de la Trinidad

«Sí, Padre, porque así te ha parecido bien» (*Lc* 10, 21). Las palabras de Jesús deben entenderse con referencia a su júbilo interior, donde la benevolencia indica un plan salvífico y benevolente del Padre hacia los hombres. En el contexto de esta bondad divina Jesús se regocija, porque el Padre ha decidido amar a los hombres con el mismo amor que Él tiene para el Hijo. Además, Lucas nos recuerda el júbilo similar de María: «Mi alma glorifica al Señor, y mi espíritu se alegra en Dios mi Salvador» (Lc 1, 47). Se trata de la Buena Noticia que conduce a la salvación. María, llevando en su vientre a Jesús, el Evangelizador por excelencia, encuentra a Isabel y cantando el *Magníficat* exulta de gozo en el Espíritu Santo. Jesús, al ver el éxito de la misión de sus discípulos y por tanto su alegría, se regocija en el Espíritu Santo y se dirige a su Padre en oración. En ambos casos, se trata de una alegría por la salvación que se realiza, porque el amor con el que el Padre ama al Hijo llega hasta nosotros, y por obra del Espíritu Santo nos envuelve, nos hace entrar en la vida de la Trinidad.

Mensaje, 8 de junio de 2014

Es Dios que nos hace libres

¡El Dios vivo nos hace libres! Digamos sí al amor y no al egoísmo, digamos sí a la vida y no a la muerte, digamos sí a la libertad y no a la esclavitud de tantos ídolos de nuestro tiempo; en una palabra, digamos sí a Dios, que es amor, vida y libertad; y nunca defrauda Dios, que es el Viviente y el Misericordioso. Sólo la fe en el Dios vivo nos salva; en el Dios que en Jesucristo nos ha dado su vida con el don del Espíritu Santo y nos hace vivir como verdaderos hijos de Dios por su misericordia. Esta fe nos hace libres y felices.

Homilía, 16 de junio de 2013

Quien sigue los Mandamientos, dice sí al amor

La verdadera libertad no es seguir nuestro egoísmo, nuestras ciegas pasiones, sino la de amar, escoger aquello que es un bien en cada situación. Los diez Mandamientos no son un himno al «no», se refieren al «sí». Un «sí» a Dios, el «sí» al Amor, y puesto que digo «sí» al Amor, digo «no» al no Amor, pero el «no» es una consecuencia de ese «sí» que viene de Dios y nos hace amar.

¡Redescubramos y vivamos las diez Palabras de Dios! Digamos «sí» a estos «diez caminos de amor» perfeccionados por Cristo, para defender al hombre y guiarle a la ¡verdadera libertad!

Videomensaje, 8 de junio de 2013

Lee las señales de Dios en tu vida

¡Amen a Jesús Cristo más y más! Nuestra vida es una respuesta a su llamado y ustedes serían felices y construirían bien su vida si supieran contestar a este llamado. Sientan la presencia del Señor en su vida. Él está cerca de cada uno como compañero, como amigo, que los sabe ayudar y comprender, que los anima en los momentos difíciles y no los deja nunca. En la oración, en el diálogo con Él, en la lectura de la Biblia, descubrirán que él está realmente cerca. Y aprendan también a leer las señales de Dios en su vida. Él siempre nos habla a través de los hechos de nuestro tiempo y nuestra existencia de cada día; se trata de escucharlo.

Discurso, 7 de junio de 2013

SEGUNDA PARTE

TÚ Y LOS DEMÁS, FELICIDAD EN LAS RELACIONES

SÉ LUZ CONTAGIOSA

Recibir y llevar la consolación de Dios:
esta misión es urgente.

1 de octubre de 2016

El secreto de una existencia lograda

El secreto de una existencia lograda es amar y entregarse por amor. Así se encuentra la fuerza de *sacrificarse con alegría* y el empeño más absorbente se convierte en una fuente de alegría más grande. De este modo, tomar las decisiones más firmes no nos atemoriza, pues aparecen con su luz verdadera, como una manera de lograr con plenitud nuestra propia libertad.

Discurso, 21 de abril de 2014

El servicio al otro nos libra de la tristeza «que nos tira abajo»

Ésta es la libertad que, con la gracia de Dios, experimentamos en la comunidad cristiana cuando nos ponemos al servicio los unos de los otros. Sin celos, sin partidos, sin habladurías... Sirvan los unos a los otros, ¡servirnos!

Entonces el Señor nos libra de ambiciones y rivalidades que minan la unidad de la comunión. Nos libra de la desconfianza, de la tristeza —esta tristeza es peligrosa, porque nos tira abajo; es peligrosa, ¡estén atentos!—. Nos libra del miedo, del vacío interior, del aislamiento, de la nostalgia, de las lamentaciones. También en nuestras comunidades, en efecto, no faltan actitudes negativas que hacen a las personas interesadas, preocupadas más por defenderse que por darse. Pero Cristo nos libra de esta monotonía existencial, como proclamamos en el Salmo responsorial: «Tú eres mi ayuda y mi liberación». Por eso los discípulos, nosotros discípulos del Señor, aun permaneciendo siempre débiles y pecadores —¡todos lo somos!—, pero incluso permaneciendo débiles y pecadores, estamos llamados a vivir con alegría y valentía nuestra fe, la comunión con Dios y con los hermanos, la adoración a Dios y a afrontar con fortaleza las fatigas y las pruebas de la vida.

Homilía, 5 de julio de 2014

Lleva la paz, lleva el óleo de Jesús

Nosotros somos ungidos: cristianos quiere decir «ungidos». ¿Y por qué somos ungidos? ¿Con qué fin? «Me envió para dar la buena noticia», ¿a quién? «A los pobres», «para curar los corazones desgarrados, proclamar la amnistía a los cautivos y a los prisioneros, la libertad; para proclamar un año de gracia del Señor» (*cf. Is* 61, 1-2). Ésta es la vocación de Cristo y también la vocación de los cristianos. Ir al encuentro de los demás, de quienes pasan necesidad, tanto necesidades materiales como espirituales... Hay mucha gente que sufre angustia por problemas familiares... Llevar paz allí, llevar la unción de Jesús, ese óleo de Jesús que hace tanto bien y consuela a las almas.

Homilía, 14 de diciembre de 2014

La felicidad no se compra

Ninguno de nosotros sabe lo que le espera en la vida. Y ustedes jóvenes se preguntan: «¿Qué me espera?». Podemos hacer cosas horribles, espantosas, pero, por favor, no pierdan la esperanza; el Padre siempre nos espera. Volver, volver. Ésta es la palabra. Regresar. Volver a casa porque me espera el Padre. Y si soy un gran pecador, hará una gran fiesta. Ustedes sacerdotes, por favor, acojan a los pecadores y sean misericordiosos.

Oír esto es hermoso. A mí me hace feliz, porque Dios no se cansa de perdonar; nunca se cansa de esperarnos.

Discurso, 15 de agosto de 2014

Por contagio de alegría: así se consigue la evangelización

Cuando Jesús envió a los Doce, les dijo: «No os procuréis en la faja oro, plata ni cobre; ni tampoco alforja para el camino; ni dos túnicas, ni sandalias, ni bastón; bien merece el obrero su sustento» (*Mt* 10, 9-10). La pobreza evangélica es una condición fundamental para que el Reino de Dios se difunda. Las alegrías más hermosas y espontáneas que he visto en el transcurso de mi vida son las de personas pobres, que tienen poco a que aferrarse. La evangelización, en nuestro tiempo, sólo será posible por medio del contagio de la alegría.

Mensaje para la JMJ,
21 de enero de 2014

Aprende y enseña el discernimiento

De pequeños, es fácil que el papá y la mamá nos digan lo que debemos hacer, y eso está bien —hoy no creo que sea tan fácil; en mis tiempos sí, pero hoy no lo sé, pero de todas formas, es más fácil—. Pero a medida que crecemos, en medio de una multitud de voces donde aparentemente todas tienen razón, el discernimiento de lo que nos lleva a la Resurrección, a la Vida, y no a una cultura de la muerte, es crucial. Por eso reitero tanto esta necesidad. Es una herramienta catequética y también para la vida. En la catequesis, en la guía espiritual, en las homilías tenemos que enseñar a nuestro pueblo, enseñar a los jóvenes, enseñar a los niños, enseñar a los adultos el discernimiento. Y enseñarles a pedir la gracia del discernimiento.

Discurso, 25 de marzo de 2017

Cristo llama hoy a la puerta de tu corazón. Llama tú también a la puerta de los corazones de tus hermanos

Hoy, Cristo llama a la puerta de sus corazones, de mi corazón. Él les llama a ustedes y a mí a despertar, a estar bien despejados y atentos, a ver las cosas que realmente importan en la vida. Y, más aún, les pide y me pide que vayamos por los caminos y senderos de este mundo llamando a las puertas de los corazones de los otros, invitándolos a acogerlo en sus vidas.

Discurso, 15 de agosto de 2014

Quien ama a los pobres, realiza el Evangelio (no el comunismo)

Soy creyente, creo en Dios, creo en Jesucristo y en su Evangelio, y el corazón del Evangelio es el anuncio a los pobres. Cuando lees las Bienaventuranzas, por ejemplo, o lees Mateo 25, ves allí cómo Jesús es claro en esto. Éste es el corazón del Evangelio. Y Jesús dice de sí mismo: «He venido a anunciar a los pobres la liberación, la salvación, la gracia de Dios...». A los pobres. Los que tienen necesidad de salvación, los que tienen necesidad de ser acogidos en la sociedad. Si lees el Evangelio, también ves que Jesús tenía cierta preferencia por los marginados: los leprosos, las viudas, los niños huérfanos, los ciegos..., las personas marginadas. Y también los grandes pecadores..., y éste es mi consuelo. Sí, porque él ni siquiera se asusta del pecado.

Cuando encontró a una persona como Zaqueo, que era un ladrón, o como Mateo, que era un traidor a la patria por dinero, no se asustó. Los miró y los eligió. También ésta es una pobreza: la pobreza del pecado. Para mí, el corazón del Evangelio es de los pobres. Hace dos meses oí que una persona dijo: «Este Papa es comunista». ¡No! Ésta es una bandera del Evangelio, no del comunismo, ¡del Evangelio! Pero la pobreza sin ideología, la pobreza... Por eso creo que los pobres están en el centro del anuncio de Jesús.

Encuentro con jóvenes, 31 de marzo de 2014

Reconoce al otro y busca su bien

El bien siempre tiende a comunicarse. Toda experiencia auténtica de verdad y de belleza busca por sí misma su expansión, y cualquier persona que viva una profunda liberación adquiere mayor sensibilidad ante las necesidades de los demás. Comunicándolo, el bien se arraiga y se desarrolla. Por eso, quien quiera vivir con dignidad y plenitud no tiene otro camino más que reconocer al otro y buscar su bien.

Evangelii gaudium, 9

La verdadera alegría nace del encuentro

Sabemos que las cosas del mundo pueden satisfacer algún deseo, crear alguna emoción, pero al final es una alegría que permanece en la superficie, no baja a lo íntimo, no es una alegría íntima: es la euforia de un momento que no hace verdaderamente feliz. La alegría no es la euforia de un momento: ¡es otra cosa!

La verdadera alegría no viene de las cosas, del tener, ¡no! Nace del encuentro, de la relación con los demás, nace de sentirse aceptado, comprendido, amado, y de aceptar, comprender y amar; y esto no por el interés de un momento, sino porque el otro, la otra, es una persona. La alegría nace de la gratuidad de un encuentro. Es escuchar: «Tú eres importante para mí», no necesariamente con palabras. Esto es hermoso... Y es precisamente esto lo que Dios nos hace comprender. Al llamarlos, Dios les dice: «Tú eres importante para mí, te quiero, cuento contigo». Jesús, a cada uno de nosotros, nos dice esto. De ahí nace la alegría. La alegría del momento en que Jesús me ha mirado. Comprender y sentir esto es el secreto de nuestra alegría. Sentirse amado por Dios, sentir que para él no somos números, sino personas; y sentir que es él quien nos llama. Convertirse en sacerdote, en religioso o religiosa no es ante todo una elección nuestra. No me fío del seminarista o de la novicia que dice: «He elegido este camino». ¡No me gusta esto! No está bien. Más bien es la respuesta a un llamado y a un llamado de amor. Siento algo dentro que me inquieta, y yo respondo sí. En la oración, el Señor nos hace sentir este amor, pero también a través de numerosos signos que podemos leer en nuestra vida, a través de numerosas personas que pone en nuestro camino. Y la alegría del encuentro con Él y de su llamado lleva a no cerrarse, sino a abrirse; lleva al servicio en la Iglesia.

Encuentro con los seminaristas, los novicios y las novicias,
6 de julio de 2013

Seca tus lágrimas y las de tus hermanos

«Consolad, consolad a mi pueblo» (*Is* 40, 1), son las sentidas palabras que el profeta pronuncia también hoy, para que llegue una palabra de esperanza a cuantos sufren y padecen. No nos dejemos robar nunca la esperanza que proviene de la fe en el Señor resucitado. Es cierto, a menudo pasamos por duras pruebas, pero jamás debe decaer la certeza de que el Señor nos ama. Su misericordia se expresa también en la cercanía, en el afecto y en el apoyo que muchos hermanos y hermanas nos ofrecen cuando sobrevienen los días de tristeza y aflicción. Secar las lágrimas es una acción concreta que rompe el círculo de la soledad en el que con frecuencia terminamos encerrados.

Misericordia et misera, 13

Ve hacia los pobres, no te llenes la boca con su nombre

Todos necesitamos la *conversión en relación con los pobres*. Tenemos que preocuparnos por ellos, ser sensibles a sus necesidades espirituales y materiales. A ustedes, jóvenes, les encomiendo en modo particular la tarea de volver a poner en el centro de la cultura humana la solidaridad. Ante las viejas y nuevas formas de pobreza —el desempleo, la emigración, los diversos tipos de dependencias—, tenemos el deber de estar atentos y vigilantes, venciendo la tentación de la indiferencia. Pensemos también en los que no se sienten amados, que no tienen esperanza en el futuro, que renuncian a comprometerse en la vida porque están desanimados, desilusionados, acobardados. Tenemos que aprender a estar con los pobres. No nos llenemos la boca con hermosas palabras sobre los pobres. Acerquémonos a ellos, mirémosle a los ojos, escuchémosle. Los pobres son para nosotros una ocasión concreta de encontrar al mismo Cristo, de tocar su carne que sufre.

Mensaje para la JMJ,
21 de enero de 2014

Al final de todo, ¿qué es lo que queda? El Señor y el prójimo

Pero hoy nos interpela sobre el sentido de nuestra existencia. Usando una imagen, se podría decir que estas lecturas se presentan como un «tamiz» en medio de la corriente de nuestra vida: nos recuerdan que en este mundo casi todo pasa, como el agua que corre; pero hay cosas importantes que permanecen, como si fueran una piedra preciosa en un tamiz. ¿Qué es lo que queda?, ¿qué es lo que tiene valor en la vida?, ¿qué riquezas son las que no desaparecen? Sin duda, dos: *El Señor y el prójimo*. Estas dos riquezas no desaparecen. Éstos son los bienes más grandes, para amar. Todo lo demás, el cielo, la tierra, las cosas más bellas, también esta Basílica pasa; pero no debemos excluir de la vida a *Dios y a los demás*.

Homilía, 13 de noviembre de 2016

¿Dónde está tu tesoro?

¿Dónde está su tesoro?, ¿en qué descansa su corazón? Sí, nuestros corazones pueden apegarse a tesoros verdaderos o falsos, en los que pueden encontrar auténtico reposo o adormecerse, haciéndose perezosos e insensibles. El bien más precioso que podemos tener en la vida es nuestra relación con Dios. ¿Lo creen así de verdad? ¿Son conscientes del valor inestimable que tienen a los ojos de Dios? ¿Saben que Él los valora y los ama incondicionalmente?

Cuando esta convicción desaparece, el ser humano se convierte en un enigma incomprensible, porque precisamente lo que da sentido a nuestra vida es sabernos amados incondicionalmente por Dios. ¿Recuerdan el diálogo de Jesús con el joven rico (*cf. Mc* 10, 17-22)? El evangelista Marcos dice que Jesús lo miró con cariño (*cf.* v. 21), y después lo invitó a seguirle para encontrar el verdadero tesoro.

Mensaje para la JMJ, 31 de enero de 2015

¿Dónde descansa tu corazón?

La pregunta que quiero hacerles no es original. La tomo del Evangelio. Pero creo que después de haberlos escuchado, quizá sea la pregunta justa para ustedes en este momento. ¿Dónde está tu tesoro? Ésta es la pregunta. ¿Dónde descansa tu corazón? ¿En qué tesoro descansa tu corazón? Porque donde esté tu tesoro, allí estará también tu vida. El corazón está apegado al tesoro, a un tesoro que todos nosotros tenemos: el poder, el dinero, el orgullo, tantos... o la bondad, la belleza, el deseo de hacer el bien... Puede haber tantos tesoros... ¿Dónde está tu tesoro? Ésta es la pregunta que haré, pero la respuesta se la deben dar a ustedes mismos, solos. En su casa...

Encuentro con los jóvenes, 31 de marzo de 2014

Elige la mujer o el hombre que quieres ser: egoísta o fraterno

Un auténtico espíritu de fraternidad vence el egoísmo individual que impide que las personas puedan vivir en libertad y armonía entre sí. Ese egoísmo se desarrolla socialmente tanto en las múltiples formas de corrupción, hoy tan ampliamente difundidas, como en la formación de las organizaciones criminales, desde los grupos pequeños a aquellos que operan a escala global, que, minando profundamente la legalidad y la justicia, hieren el corazón de la dignidad de la persona. Estas organizaciones ofenden gravemente a Dios, perjudican a los hermanos y dañan a la creación, más todavía cuando tienen connotaciones religiosas.

Pienso en el drama lacerante de la droga, con la que algunos lucran despreciando las leyes morales y civiles, en la devastación de los recursos naturales y en la contaminación, en la tragedia de la explotación laboral; pienso en el blanqueo ilícito de dinero, así como en la especulación financiera, que a menudo asume rasgos perjudiciales y demoledores para sistemas económicos y sociales enteros,

93

exponiendo a la pobreza a millones de hombres y mujeres; pienso en la prostitución que cada día cosecha víctimas inocentes, sobre todo entre los más jóvenes, robándoles el futuro; pienso en la abominable trata de seres humanos, en los delitos y abusos contra los menores, en la esclavitud que todavía difunde su horror en muchas partes del mundo, en la tragedia frecuentemente desatendida de los emigrantes con los que se especula indignamente en la ilegalidad.

Mensaje para la Jornada de la Paz, 2014

Aprende de la sabiduría de los pobres

Pero los pobres no sólo son personas a las que les podemos dar algo. También ellos *tienen algo que ofrecernos, que enseñarnos.* ¡Tenemos tanto que aprender de la sabiduría de los pobres! Un santo del siglo XVIII, Benito José Labre, que dormía en las calles de Roma y vivía de las limosnas de la gente, se convirtió en consejero espiritual de muchas personas, entre las que figuraban nobles y prelados. En cierto sentido, los pobres son para nosotros como maestros. Nos enseñan que una persona no es valiosa por lo que posee, por lo que tiene en su cuenta en el banco. Un pobre, una persona que no tiene bienes materiales, mantiene siempre su dignidad. Los pobres pueden enseñarnos mucho también sobre la humildad y la confianza en Dios. En la parábola del fariseo y el publicano (*cf. Lc* 18, 9-14), Jesús presenta a este último como modelo porque es humilde y se considera pecador. También la viuda que echa dos pequeñas monedas en el tesoro del templo es un ejemplo de la generosidad de quien, aun teniendo poco o nada, da todo (*cf. Lc* 21, 1-4).

Mensaje para la JMJ, 21 de enero de 2014

Que la Iglesia sea la casa de tu consuelo

Dios no nos consuela sólo en el corazón; por medio del profeta Isaías, añade: «En Jerusalén seréis consolados» (66, 13). En Jerusalén, en la comunidad, es decir en la ciudad de Dios: cuando estamos unidos, cuando hay comunión entre nosotros obra el consuelo de Dios. En la Iglesia se encuentra consuelo, es la *casa del consuelo*: aquí Dios desea consolar. Podemos preguntarnos: Yo, que estoy en la Iglesia, ¿soy portador del consuelo de Dios? ¿Sé acoger al otro como huésped y consolar a quien veo cansado y desilusionado? El cristiano, incluso cuando padece aflicción y acoso, está siempre llamado a infundir esperanza a quien está resignado, a alentar a quien está desanimado, a llevar la luz de Jesús, el calor de su presencia y el alivio de su perdón. Muchos sufren, experimentan pruebas e injusticias, viven preocupados. Es necesaria la unción del corazón, el consuelo del Señor que no elimina los problemas, pero da la fuerza del amor, que ayuda a llevar con paz el dolor.

Homilía, 1 de octubre de 2016

En el diálogo, el camino hacia Dios

P [*Una muchacha*]: Veo a Dios en los demás. ¿Usted dónde ve a Dios?

R [*Papa Francisco*]: Trato —¡trato!— de encontrarlo en todas las circunstancias de la vida. Trato... Lo encuentro en la lectura de la Biblia, lo encuentro en la celebración de los Sacramentos, en la oración, y también trato de encontrarlo en mi trabajo, en las personas, en las diferentes personas... Sobre todo, lo encuentro en los enfermos: los enfermos me hacen bien, porque, cuando estoy con un enfermo, me pregunto: ¿por qué él sí y yo no? Y lo encuentro con los presos: ¿por qué éste está preso y yo no? Y hablo con Dios: «Cometes siempre una injusticia: ¿por qué a él y a mí no?». Y encuentro siempre a Dios en esto, pero siempre en diálogo. Me hace bien tratar de buscarlo durante toda la jornada. No logro hacerlo, pero trato de hacerlo, de estar en diálogo. Pero no logro hacerlo así: los santos lo hacían bien, yo aún no... Pero éste es el camino.

Encuentro con jóvenes, 31 de marzo de 2014

Todos necesitamos consuelo

Todos tenemos necesidad de consuelo, porque ninguno es inmune al sufrimiento, al dolor y a la incomprensión. Cuánto dolor puede causar una palabra rencorosa, fruto de la envidia, de los celos y de la rabia. Cuánto sufrimiento provoca la experiencia de la traición, de la violencia y del abandono; cuánta amargura ante la muerte de los seres queridos. Sin embargo, Dios nunca permanece distante cuando se viven estos dramas. Una palabra que da ánimo, un abrazo que te hace sentir comprendido, una caricia que hace percibir el amor, una oración que permite ser más fuerte..., son todas expresiones de la cercanía de Dios a través del consuelo ofrecido por los hermanos.

Misericordia et misera, 13

Somos reflejos de una luz que se transforma

Jesús nos invita a ser un reflejo de su luz, a través del testimonio de las buenas obras. Y dice: «Brille así vuestra luz delante de los hombres, para que vean vuestras buenas obras y glorifiquen a vuestro Padre que está en los cielos» (*Mateo* 5, 16). Estas palabras subrayan que nosotros somos reconocibles como verdaderos discípulos de Aquel que es la Luz del mundo, no en las palabras, sino de nuestras obras. De hecho, es sobre todo nuestro comportamiento que —en el bien y en el mal— deja un signo en los otros. Tenemos por tanto una tarea y una responsabilidad por el don recibido: la luz de la fe, que está en nosotros por medio de Cristo y de la acción del Espíritu Santo, no debemos retenerla como si fuera nuestra propiedad. Sin embargo, estamos llamados a hacerla resplandecer en el mundo, a darla a los otros mediante las buenas obras. ¡Y cuánto necesita el mundo de la luz del Evangelio que transforma, sana y garantiza la salvación a quien lo acoge! Esta luz debemos llevarla con nuestras buenas obras.

Ángelus, 5 de febrero de 2017

Una sonrisa cambia la vida

Preguntémonos, tanto comunitaria como personalmente, cómo nos sentimos interpelados cuando encontramos o tratamos en la vida cotidiana con víctimas de la trata de personas, o cuando tenemos que elegir productos que con probabilidad podrían haber sido realizados mediante la explotación de otras personas. Algunos se hacen de la vista gorda, ya sea por indiferencia, o porque se desentienden de las preocupaciones diarias, o por razones económicas. Otros, sin embargo, optan por hacer algo positivo, participando en asociaciones civiles o haciendo pequeños gestos cotidianos —que son tan valiosos—, como decir una palabra, un saludo, un «buenos días» o una sonrisa, que no nos cuestan nada, pero que pueden dar esperanza, abrir caminos, cambiar la vida de una persona que vive en la invisibilidad, e incluso cambiar nuestras vidas en relación con esta realidad.

Mensaje para la Jornada de la Paz, 2015

Tu compasión puede realizarse también en el silencio

A veces también el *silencio* es de gran ayuda; porque en algunos momentos no existen palabras para responder a las interrogantes del que sufre. La falta de palabras, sin embargo, se puede suplir por la compasión del que está presente y cercano, del que ama y tiende la mano. No es cierto que el silencio sea un acto de rendición, al contrario, es un momento de fuerza y de amor. El silencio también pertenece al lenguaje de la consolación, porque se transforma en una obra concreta de solidaridad y unión con el sufrimiento del hermano.

Misericordia et misera, 13

En comunión de amor

No basta saber que Dios ha nacido, si no se hace con Él Navidad en el corazón. Dios ha nacido, sí, pero ¿ha nacido en tu corazón? ¿Ha nacido en mi corazón? ¿Ha nacido en nuestro corazón? Y así le encontraremos, como los Reyes Magos, con María, José, en el establo.

Los Reyes Magos lo hicieron: encontraron al Niño, «postrándose, le adoraron» (*Mt* 2,). No le miraron solamente, no dijeron sólo una oración circunstancial y se fueron, no, sino que le adoraron: entraron en una comunión personal de amor con Jesús.

Ángelus, 6 de enero de 2017

Somos la sal que da sabor

La luz de nuestra fe, dándose, no se apaga sino que se refuerza. Sin embargo, puede disminuir si no la alimentamos con el amor y con las obras de caridad...

La misión de los cristianos en la sociedad es la de dar «sabor» a la vida con la fe y el amor que Cristo nos ha dado, y al mismo tiempo tiene lejos los gérmenes contaminantes del egoísmo, de la envidia, de la maledicencia, etcétera...

Cada uno de nosotros está llamado a ser *luz y sal* en su ambiente de vida cotidiana, perseverando en la tarea de regenerar la realidad humana en el espíritu del Evangelio y en la perspectiva del Reino de Dios.

Ángelus, 5 de febrero de 2017

Como el agua en los frijoles

Y es importante saber acoger; es todavía más bello que cualquier adorno. Digo esto porque cuando somos generosos en acoger a una persona y compartimos algo con ella —algo de comer, un lugar en nuestra casa, nuestro tiempo— no nos hacemos más pobres, sino que nos enriquecemos. Ya sé que cuando alguien que necesita comer llama a su puerta siempre encuentran ustedes un modo de compartir la comida; como dice el proverbio, siempre se puede «añadir más agua a los frijoles». ¿Se puede añadir más agua a los frijoles?... ¿Siempre?... Y lo hacen con amor, mostrando que la verdadera riqueza no está en las cosas, sino en el corazón.

Discurso, 25 de julio de 2013

El bien paga más que el dinero

Las diferencias no impiden la armonía, la alegría y la paz; es más, se convierten en ocasión para profundizar en el conocimiento y en la comprensión mutua. Las diversas experiencias religiosas se abren al amor respetuoso y operante con el prójimo; cada comunidad religiosa se expresa con el amor, y no con la violencia, no se avergüenza de la bondad. Quien cultiva la bondad en su interior recibe a cambio una conciencia tranquila, una alegría profunda aun en medio de las dificultades y de las incomprensiones. Incluso ante las ofensas recibidas, la bondad no es debilidad, sino auténtica fuerza, capaz de renunciar a la venganza.

El bien es premio en sí mismo y nos acerca a Dios, Sumo Bien. Nos hace pensar como Él, nos hace ver la realidad de nuestra vida a la luz de su proyecto de amor para cada uno de nosotros, nos permite disfrutar de las pequeñas alegrías de cada día y nos sostiene en las dificultades y en las pruebas. El bien remunera infinitamente mejor que el dinero, que nos defrauda porque hemos sido creados para recibir y comunicar el amor de Dios, y no para medir las cosas por el dinero y el poder, que es el peligro que nos mata a todos.

Discurso, 21 de septiembre de 2014

Los pilares de la felicidad

Queridos amigos, ciertamente es necesario dar pan a quien tiene hambre; es un acto de justicia. Pero hay también un hambre más profunda, el hambre de una felicidad que sólo Dios puede saciar. Hambre de dignidad. No hay una verdadera promoción del bien común, ni un verdadero desarrollo del hombre, cuando se ignoran los pilares fundamentales que sostienen una nación, sus bienes inmateriales: la *vida*, que es un don de Dios, un valor que siempre se ha de tutelar y promover; la *familia*, fundamento de la convivencia y remedio contra la desintegración social; la *educación integral*, que no se reduce a una simple transmisión de información con el objetivo de producir ganancias; la *salud*, que debe buscar el bienestar integral de la persona, incluyendo la dimensión espiritual, esencial para el equilibrio humano y una sana convivencia; la *seguridad*, en la convicción de que la violencia sólo se puede vencer partiendo del cambio del corazón humano.

Discurso, 25 de julio de 2013

El perdón no es una limosna

Perdonar se puede. La herida se puede sanar, ser curada; la herida se sana. Pero muchas veces queda la cicatriz. Y eso significa: «Yo no puedo olvidar, pero he perdonado». Siempre, el perdón. Pero no voy hacia esa persona a dar el perdón como si diese una limosna, no. El perdón nace del corazón y empiezo a relacionarme con esa persona como si nada hubiese pasado... una sonrisa, y despacio llega el perdón. El perdón no se hace por ley: hace falta un camino interior de parte nuestra, para perdonar. No es fácil...

Encuentro con niños y jóvenes,
15 de enero de 2017

Tu esperanza necesita de un cuerpo que la sostenga

La esperanza, para alimentarse, *necesita un «cuerpo»,* en el cual los varios miembros se sostienen y se dan vida mutuamente. Esto, entonces, quiere decir que si esperamos, es porque muchos de nuestros hermanos y hermanas nos han enseñado a esperar y han mantenido viva nuestra esperanza. Y entre éstos, se distinguen *los pequeños, los pobres, los simples, los marginados.* Sí, porque no conoce la esperanza quien se cierra en el propio bienestar: espera solamente su bienestar y esto no es esperanza: es seguridad relativa; no conoce la esperanza quien se cierra en la propia gratificación, quien se siente siempre bien... quienes esperan son, en cambio, los que experimentan cada día la prueba, la precariedad y el propio límite. Éstos son nuestros hermanos que nos dan el testimonio más bonito, más fuerte, porque permanecen firmes en su confianza en el Señor, sabiendo que, más allá de la tristeza, de la opresión y de la ineluctabilidad de la muerte, la última palabra será suya, y será una palabra de misericordia, de vida y de paz. Quien espera, espera sentir un día esta palabra: «Ven, ven a mí, hermano; ven, ven a mí, hermana, para toda la eternidad».

Audiencia general,
8 de febrero de 2017

Para obtener una vida plena: estimular, no sólo castigar

Recuerdo que una vez en una escuela había un alumno que era un fenómeno jugando al futbol y un desastre en la conducta en clase. Una regla que le habían dado era que si no se portaba bien, dejaba de jugar al futbol. Dado que continuó con el mal comportamiento, se quedó dos meses sin jugar, y esto hizo empeorar las cosas. Tengan cuidado cuando se castiga: aquel chico empeoró. Es verdad, yo conocí a ese chico. Un día, el entrenador habló con la directora y le explicó: «¡Así no funciona! ¡Déjame intentarlo», dijo a la directora, y le pidió que el chico pudiera volver a jugar. «Vamos a intentarlo», dijo la señora. Y el entrenador lo puso como capitán del equipo. Entonces ese niño sintió que lo tomaban en consideración, sintió que podía dar lo mejor de sí y no sólo comenzó a comportarse mejor, sino a mejorar en todo. Esto me parece muy importante en la educación. Muy importante. Entre los estudiantes hay algunos dotados para el deporte y no tanto para las ciencias; y a otros se les da mejor el arte que las matemáticas; a unos, la filosofía más que los deportes. Un buen profesor, educador o entrenador sabe estimular las buenas cualidades de sus estudiantes y no descuidar las otras.

Discurso, 25 de marzo de 2017

Sea bienaventurada tu comunidad también

Dichosas las comunidades cristianas que viven esta genuina sencillez evangélica. Pobres de recursos, pero ricas de Dios. Dichosos los pastores que no se apuntan a la lógica del éxito mundano, sino que siguen la ley del amor: la acogida, la escucha y el servicio. Dichosa la Iglesia que no cede a los criterios del funcionalismo y de la eficiencia organizativa y no presta atención a su imagen.

Homilía, 1 de octubre de 2016

Vive como persona reconciliada

El hombre reconciliado ve en Dios al Padre de todos y, en consecuencia, siente el llamado a vivir una fraternidad abierta a todos. En Cristo, el otro es aceptado y amado como hijo o hija de Dios, como hermano o hermana, no como un extraño, y menos aún como un contrincante o un enemigo. En la familia de Dios, donde todos son hijos de un mismo Padre, y todos están injertados en Cristo, *hijos en el Hijo,* no hay «vidas descartables». Todos gozan de igual e intangible dignidad.

Mensaje para la Jornada de la Paz, 2014

LA FAMILIA, PLENITUD DE VIDA

Necesito descansar en el Señor con las familias,
y recordar a mi familia:
mi padre, mi madre, mi abuelo, mi abuela...

16 de enero de 2015

La inquietud del hombre solo

Jesús, en su reflexión sobre el matrimonio, nos remite a otra página del Génesis, el capítulo 2, donde aparece un admirable retrato de la pareja con detalles luminosos. Elijamos sólo dos. El primero es la inquietud del varón que busca «una ayuda recíproca» (vv. 18.20), capaz de resolver esa soledad que le perturba y que no es aplacada por la cercanía de los animales y de todo lo creado. La expresión original hebrea nos remite a una relación directa, casi «frontal» —los ojos en los ojos— en un diálogo también tácito, porque en el amor los silencios suelen ser más elocuentes que las palabras. Es el encuentro con un rostro, con un «tú» que refleja el amor divino y es «el comienzo de la fortuna, una ayuda semejante a él y una columna de apoyo» (*Si* 36, 24), como dice un sabio bíblico. O bien, como exclamará la mujer del Cantar de los Cantares en una estupenda profesión de amor y de donación en la reciprocidad:

«Mi amado es mío y yo, suya [...] Yo soy para mi amado y mi amado es para mí» (2, 16; 6, 3).

De este encuentro, que sana la soledad, surgen la generación y la familia.

Amoris laetitia, 12

¿Tu familia todavía tiene sueños?

A mí me gusta mucho esto de soñar en una familia. Toda mamá y todo papá soñó a su hijo durante nueve meses, ¿es verdad o no? Soñar cómo será el hijo... No es posible una familia sin el sueño. Cuando en una familia se pierde la capacidad de soñar, los chicos no crecen, el amor no crece, la vida se debilita y se apaga. Por eso les recomiendo que en la noche, cuando hacen el examen de conciencia, se hagan también esta pregunta: ¿Hoy soñé con el futuro de mis hijos?, ¿hoy soñé con el amor de mi esposo, de mi esposa?, ¿hoy soñé con mis padres, mis abuelos que llevaron la historia hasta mí? ¡Es tan importante soñar! Primero que todo, soñar en una familia. No pierdan esta capacidad de soñar.

Discurso, 16 de enero 2015

La plenitud humana «en una sola carne»

Adán, que es también el hombre de todos los tiempos y de todas las regiones de nuestro planeta, junto con su mujer, da origen a una nueva familia, como repite Jesús citando el Génesis: «Se unirá a su mujer, y serán los dos una sola carne» (*Mt* 19, 5; *cf. Gn* 2, 24). El verbo «unirse» en el original hebreo indica una estrecha sintonía, una adhesión física e interior, hasta el punto en que se utiliza para describir la unión con Dios: «Mi alma está unida a ti» (*Sal* 63, 9), canta el orante. Se evoca así la unión matrimonial no solamente en su dimensión sexual y corpórea, sino también en su entrega voluntaria de amor. El fruto de esta unión es «ser una sola carne», sea en el abrazo físico, sea en la unión de los corazones y de las vidas y, quizá, en el hijo que nacerá de los dos, el cual llevará en sí, uniéndolas no sólo genéticamente sino también espiritualmente, las dos «carnes».

Amoris laetitia, 13

Convierte el amor en algo «normal»

Cada familia cristiana —como hicieron María y José—, ante todo, puede acoger a Jesús, escucharlo, hablar con Él, custodiarlo, protegerlo, crecer con Él; y así mejorar el mundo. Hagamos espacio al Señor en nuestro corazón y en nuestras jornadas. Así hicieron también María y José, y no fue fácil: ¡cuántas dificultades tuvieron que superar! No era una familia artificial, no era una familia irreal. La familia de Nazaret nos compromete a redescubrir la vocación y la misión de la familia, de cada familia. Y, como sucedió en esos treinta años en Nazaret, así puede suceder también para nosotros: convertir en algo normal el amor, y no el odio; convertir en algo común la ayuda mutua, no la indiferencia o la enemistad.

Audiencia general, 17 de diciembre 2014

No disminuyas la dedicación hacia el otro como prestación de servicios

La libertad para elegir permite proyectar la propia vida y cultivar lo mejor de uno mismo, pero si no tiene objetivos nobles y disciplina personal, degenera en una incapacidad de darse generosamente. De hecho, en muchos países donde disminuye el número de matrimonios, crece el número de personas que deciden vivir solas, o que conviven sin cohabitar. Podemos destacar también un loable sentido de justicia; pero, mal entendido, convierte a los ciudadanos en clientes que sólo exigen prestaciones de servicios.

Amoris laetitia, 33

¡Vengan a mí, familias, y yo les aliviaré!

Queridas familias, el Señor conoce nuestras dificultades: ¡las conoce! Y conoce los pesos de nuestra vida. Pero el Señor sabe también que dentro de nosotros hay un profundo anhelo de encontrar la alegría del consuelo. ¿Recuerdan? Jesús dijo: «*Su alegría llegue a plenitud*» (*Jn* 15, 11). Jesús quiere que nuestra alegría sea plena. Se lo dijo a los apóstoles y nos lo repite a nosotros hoy. Esto es lo primero que quería compartir con ustedes esta tarde, y son unas palabras de Jesús: Vengan a mí, familias de todo el mundo —dice Jesús—, y yo les aliviaré, para que su alegría llegue a plenitud. Y estas palabras de Jesús llévenlas a casa, llévenlas en el corazón, compártanlas en familia. Nos invita a ir a Él para darnos, para dar a todos la alegría.

Discurso, 26 de octubre de 2013

Redescubre la alegría de los abrazos

En la familia lo que es verdaderamente la comunicación como *descubrimiento y construcción de proximidad* es la capacidad de abrazarse, sostenerse, acompañarse, descifrar las miradas y los silencios, reír y llorar juntos, entre personas que no se han elegido y que, sin embargo, son tan importantes las unas para las otras. Reducir las distancias, saliendo los unos al encuentro de los otros y acogiéndose, es motivo de gratitud y alegría: del saludo de María y del salto del niño brota la bendición de Isabel, a la que sigue el bellísimo canto del *Magníficat*, en el que María alaba el plan de amor de Dios sobre ella y su pueblo. De un «sí» pronunciado con fe, surgen consecuencias que van mucho más allá de nosotros mismos y se expanden por el mundo.

Mensaje, 23 de enero de 2015

Cuando la familia reza unida, permanece unida

Descansar en la oración es especialmente importante para las familias. Donde primero aprendemos a orar es en la familia. No olviden: cuando la familia reza unida, permanece unida. Esto es importante. Allí conseguimos conocer a Dios, crecer como hombres y mujeres de fe, vernos como miembros de la gran familia de Dios, la Iglesia. En la familia aprendemos a amar, a perdonar, a ser generosos y abiertos, no cerrados y egoístas. Aprendemos a ir más allá de nuestras propias necesidades, para encontrar a los demás y compartir nuestras vidas con ellos. Por eso es tan importante rezar en familia. Muy importante. Por eso las familias son tan importantes en el plan de Dios sobre la Iglesia. Rezar juntos en familia es descansar en el Señor.

Mensaje, 16 de enero de 2015

No existe la familia perfecta: conviértela en una escuela del perdón

La familia es, más que ningún otro, el lugar en el que, viviendo juntos la cotidianidad, se experimentan los *límites* propios y ajenos, los pequeños y grandes problemas de la convivencia, del ponerse de acuerdo. No existe la familia perfecta, pero no hay que tener miedo a la imperfección, a la fragilidad, ni siquiera a los conflictos; hay que aprender a afrontarlos de manera constructiva. Por eso, la familia en la que, con los propios límites y pecados, todos se quieren, se convierte en una *escuela de perdón*.

Mensaje, 23 de enero de 2015

¡Digan a los jóvenes que su amor es bello!

El amor conyugal y familiar revela también claramente la vocación de la persona a amar de modo único y para siempre, y que las pruebas, los sacrificios y las crisis de la pareja, como de la propia familia, representan pasos para crecer en el bien, en la verdad y en la belleza. En el matrimonio el darse es completo, sin cálculos ni reservas, compartiendo todo, dones y renuncias, confiando en la Providencia de Dios. Es ésta la experiencia que los jóvenes pueden aprender de los padres y de los abuelos. Es una experiencia de fe en Dios y de confianza recíproca, de libertad profunda, de santidad, porque la santidad supone darse con fidelidad y sacrificio cada día de la vida. Pero hay problemas en el matrimonio. Siempre distintos puntos de vista, celos, se pelea. Pero hay que decir a los jóvenes esposos que jamás acaben la jornada sin hacer las paces entre ellos. El Sacramento del matrimonio se renueva en este acto de paz tras una discusión, un malentendido, unos celos escondidos, también un pecado. Hacer la paz que da unidad a la familia; y esto hay que decirlo a los jóvenes, a las jóvenes parejas, que no es fácil ir por este camino, pero es muy bello este camino, muy bello. Hay que decirlo.

Discurso, 25 de octubre de 2013

No transformen el Evangelio como piedra muerta para lanzar contra los pobres

Quiero destacar la situación de las familias sumidas en la miseria, castigadas de tantas maneras, donde los límites de la vida se viven de forma lacerante. Si todos tienen dificultades, en un hogar muy pobre se vuelven más duras.

Por ejemplo, si una mujer debe criar sola a su hijo, por una separación o por otras causas, y debe trabajar sin la posibilidad de dejarlo con otra persona, el niño crece en un abandono que lo expone a todo tipo de riesgos, y su maduración personal queda comprometida. En las difíciles situaciones que viven las personas más necesitadas, la Iglesia debe tener un especial cuidado para comprender, consolar, integrar, evitando imponerles una serie de normas como si fueran una roca, con lo cual se consigue el efecto de hacer que se sientan juzgadas y abandonadas precisamente por esa Madre que está llamada a acercarles la misericordia de Dios. De ese modo, en lugar de ofrecer la fuerza sanadora de la gracia y la luz del Evangelio, algunos quieren «adoctrinarlo», convertirlo en «piedras muertas para lanzarlas contra los demás».

Amoris laetitia , 49

Una familia que educa para el bien es una bendición para el mundo

Cuando las familias tienen hijos, los forman en la fe y en sanos valores, y les enseñan a colaborar en la sociedad, se convierten en una bendición para nuestro mundo. Las familias pueden llegar a ser una bendición para el mundo. El amor de Dios se hace presente y operante a través de nuestro amor y de las buenas obras que hacemos. Extendemos así el Reino de Cristo en este mundo. Y al hacer esto, somos fieles a la misión profética que hemos recibido en el bautismo.

Discurso, 16 de enero de 2015

La importancia de caminar unidos

A veces pienso en los matrimonios que después de muchos años se separan. «Eh... no, no nos entendemos, nos hemos separado». Tal vez no han sabido ofrecer disculpas a tiempo. Tal vez no han sabido perdonar a tiempo. A los recién casados les doy siempre este consejo: «Riñan lo que quieran. Si vuelan los platos, déjenlos. Pero nunca acabar el día sin hacer las paces. ¡Nunca!». Si los matrimonios aprenden a decir: «Perdona, estaba cansado», o sólo un gesto: ésta es la paz; y retomar la vida al día siguiente. Éste es un buen secreto, y evita estas separaciones dolorosas. Cuán importante es caminar unidos, sin evasiones hacia adelante, sin nostalgias del pasado. Y mientras se camina se hablan, se conocen, se cuentan unos a otros, se crece en el ser familia. Aquí preguntémonos: ¿cómo caminamos?

Discurso, 4 de octubre de 2013

¡Qué hermosa la riqueza de las relaciones hombre/mujer!

La familia más hermosa, protagonista y sin problema, es la que sabe comunicar, partiendo del testimonio, la belleza y la riqueza de la relación entre hombre y mujer, y entre padres e hijos. No luchamos para defender el pasado, sino que trabajamos con paciencia y confianza, en todos los ambientes en que vivimos cotidianamente, para construir el futuro.

Mensaje, 23 de enero de 2015

La misión de tu familia es «*hacer* sitio a Jesús en el mundo»

«Nazaret» significa «Aquella que custodia», como María, que —dice el Evangelio— «conservaba todas estas cosas en su corazón» (*cf. Lc* 2, 19.51). Desde entonces, cada vez que hay una familia que custodia este misterio, incluso en la periferia del mundo, se realiza el misterio del Hijo de Dios, el misterio de Jesús que viene a salvarnos, que viene para salvar al mundo. Y ésta es la gran misión de la familia: dejar sitio a Jesús que viene, acoger a Jesús en la familia, en la persona de los hijos, del marido, de la esposa, de los abuelos... Jesús está allí. Acogerlo allí, para que crezca espiritualmente en esa familia.

Audiencia general, 17 de diciembre de 2014

Tu seno, tu vínculo, tu lengua...

Después de llegar al mundo, permanecemos en un «seno», que es la familia. *Un seno hecho de personas diversas en relación*; la familia es el «lugar donde se aprende a convivir en la diferencia» (Exort. ap. *Evangelii gaudium*, 66): diferencias de géneros y de generaciones, que comunican antes que nada porque se acogen mutuamente, porque entre ellos existe un vínculo. Y cuanto más amplio es el abanico de estas relaciones y más diversas son las edades, más rico es nuestro ambiente de vida. Es el *vínculo* el que fundamenta la *palabra*, que a su vez fortalece el vínculo. Nosotros no inventamos las palabras: las podemos usar porque las hemos recibido. En la familia se aprende a hablar la *lengua materna*, es decir, la lengua de nuestros antepasados (*cf.* 2 *Mac* 7, 25.27). En la familia se percibe que otros nos han precedido, y nos han puesto en condiciones de existir y de poder, también nosotros, generar vida y hacer algo bueno y hermoso. Podemos dar porque hemos recibido, y este círculo virtuoso está en el corazón de la capacidad de la familia de comunicarse y de comunicar; y, más en general, es el paradigma de toda comunicación.

Mensaje, 23 de enero de 2015

Cuando la alegría de los jóvenes encuentra el consuelo de los ancianos

De la Virgen y san José repite cuatro veces que *querían cumplir lo que estaba prescrito por la Ley del Señor* (*cf. Lc* 2, 22.23.24.27). Se entiende, casi se percibe, que los padres de Jesús tienen la alegría de observar los preceptos de Dios, sí, la alegría de caminar en la Ley del Señor. Son dos recién casados, apenas han tenido a su niño, y están totalmente animados por el deseo de realizar lo que está prescrito. Esto no es un hecho exterior, no es para sentirse bien, ¡no! Es un deseo fuerte, profundo, lleno de alegría. Es lo que dice el Salmo: «Mi alegría es el camino de tus preceptos... Tu ley será mi delicia (119, 14.77).

¿Y qué dice san Lucas de los ancianos? Destaca más de una vez que *eran conducidos por el Espíritu Santo*. De Simeón afirma que era un hombre justo y piadoso, que aguardaba el consuelo de Israel, y que «el Espíritu Santo

117

estaba con él» (2, 25); dice que «el Espíritu Santo le había revelado» que antes de morir vería al Cristo, al Mesías (v. 26); y por último que fue al Templo «impulsado por el Espíritu» (v. 27). De Ana dice luego que era una «profetisa» (v. 36), es decir, inspirada por Dios; y que estaba siempre en el Templo «sirviendo a Dios con ayunos y oraciones» (v. 37). En definitiva, estos dos ancianos están llenos de vida. Están llenos de vida porque están animados por el Espíritu Santo, dóciles a su acción, sensibles a sus peticiones...

He aquí el encuentro entre la Sagrada Familia y estos dos representantes del pueblo santo de Dios. En el centro está Jesús. Es Él quien mueve a todos, quien atrae a unos y a otros al Templo, que es la casa de su Padre.

Es un encuentro entre los jóvenes llenos de alegría al cumplir la Ley del Señor y los ancianos llenos de alegría por la acción del Espíritu Santo. Es *un singular encuentro entre observancia y profecía*, donde los jóvenes son los observantes y los ancianos son los proféticos. En realidad, si reflexionamos bien, la observancia de la Ley está animada por el Espíritu mismo, y la profecía se mueve por la senda trazada por la Ley. ¿Quién está más lleno del Espíritu Santo que María? ¿Quién es más dócil que ella a su acción?

Homilía, 2 de febrero de 2014

Visita, abre puertas; no te encierres, consuela...

«Visitar» comporta abrir las puertas, no encerrarse en uno mismo, salir, ir hacia el otro. También la familia está viva si respira abriéndose más allá de sí misma, y las familias que hacen esto pueden comunicar su mensaje de vida y de comunión, pueden dar consuelo y esperanza a las familias más heridas, y hacer crecer la Iglesia misma, que es familia de familias.

Mensaje, 23 de enero de 2015

Transforma tu familia en un cuento de comunión

La familia no es un campo en el que se comunican opiniones, o un terreno en el que se combaten batallas ideológicas, sino *un ambiente en el que se aprende a comunicar* en la proximidad y un sujeto que comunica, una «*comunidad comunicante*». Una comunidad que sabe acompañar, festejar y fructificar. En este sentido, es posible restablecer una mirada capaz de reconocer que la familia sigue siendo un gran recurso, y no sólo un problema o una institución en crisis. Los medios de comunicación tienden en ocasiones a presentar a la familia como si fuera un modelo abstracto que hay que defender o atacar, en lugar de una realidad concreta que se ha de vivir; o como si fuera una ideología de uno contra la de algún otro, en lugar del espacio donde todos aprendemos lo que significa comunicar en el amor recibido y entregado. Narrar significa más bien comprender que nuestras vidas están entrelazadas en una trama unitaria, que las voces son múltiples y que cada una es insustituible.

Mensaje, 23 de enero de 2015

EXISTENCIAS REALIZADAS: LAS VOCACIONES VIVIDAS CON ALEGRÍA

No tengáis miedo de enseñar la alegría
de haber contestado al llamado del Señor,
a su elección de amor y a testimoniar su Evangelio.

6 de julio de 2013

Un grupo triste es un triste grupo

Que entre nosotros no se vean caras tristes, personas descontentas e insatisfechas, porque «un grupo triste es un triste grupo». También nosotros, al igual que todos los otros hombres y mujeres, sentimos las dificultades, las noches del espíritu, la decepción, la enfermedad, la pérdida de fuerzas debido a la vejez. Precisamente en esto deberíamos encontrar la «perfecta alegría», aprender a reconocer el rostro de Cristo, que se hizo en todo semejante a nosotros, y sentir por tanto la alegría de sabernos semejantes a él, que no ha rehusado someterse a la cruz por amor nuestro.

En una sociedad que ostenta el culto a la eficiencia, al estado pletórico de salud, al éxito, y que margina a los pobres y excluye a los «perdedores», podemos testimoniar mediante nuestras vidas la verdad de las palabras de la Escritura: «Cuando soy débil, entonces soy fuerte» (2 *Co* 12, 10).

Carta a los consagrados, 21 de noviembre de 2014

El lugar donde nace la alegría

Quería decirles una palabra, y la palabra era alegría. Siempre, donde están los consagrados, los seminaristas, las religiosas y los religiosos, los jóvenes, hay alegría, siempre hay alegría. Es la alegría de la lozanía, es la alegría de seguir a Cristo; la alegría que nos da el Espíritu Santo, no la alegría del mundo. ¡Hay alegría! Pero, ¿dónde nace la alegría? Nace... Pero, ¿el sábado por la noche volveré a casa e iré a bailar con mis antiguos compañeros? ¿De esto nace la alegría? ¿De un seminarista, por ejemplo? ¿No? ¿O sí?

Encuentro con los seminaristas y los novicios,
6 de julio de 2013

Contagio y atracción

«La Iglesia no crece por proselitismo, crece por atracción»; la atracción testimonial de este gozo que anuncia a Jesucristo, ese testimonio que nace de la alegría asumida y luego transformada en anuncio. Es la alegría de fundar. Sin este gozo, sin esta alegría, no se puede fundar una Iglesia, no se puede fundar una comunidad cristiana. Es una alegría apostólica, que se irradia, que se expande. Me pregunto:

Como Pedro, ¿soy capaz de sentarme junto al hermano y explicar despacio el don de la Palabra que he recibido, y contagiarle mi alegría? ¿Soy capaz de convocar a mi alrededor el entusiasmo de quienes descubren en nosotros el milagro de una vida nueva, que no se puede controlar, a la cual debemos docilidad porque nos atrae, nos lleva, esa vida nueva nacida del encuentro con Cristo?

Homilía, 21 de abril de 2014

El «olfato» del pueblo y el nombre del perro

¿Hay algo más bello para nosotros que el caminar con nuestro pueblo? ¡Es bello! Cuando pienso en estos párrocos que conocían el nombre de las personas de la parroquia, que iban a visitarlas; incluso como uno me decía: «Conozco el nombre del perro de cada familia», conocían incluso el nombre del perro. ¡Cuán hermoso era! ¿Hay algo más bello? Lo repito a menudo: caminar con nuestro pueblo, a veces delante, a veces en medio y a veces detrás: delante, para guiar a la comunidad; en medio, para alentarla y sostenerla; detrás, para mantenerla unida y que nadie se quede demasiado atrás, para mantenerla unida, y también por otra razón: porque el pueblo tiene «olfato». Tiene olfato para encontrar nuevas sendas para el camino, tiene el *sensus fidei*, que dicen los teólogos. ¿Hay algo más bello?

Discurso, 4 de octubre de 2013

123

Abre el corazón a grandes ideales

Ninguna vocación nace por sí misma o vive por sí misma. La vocación surge del corazón de Dios y brota en la tierra buena del pueblo fiel, en la experiencia del amor fraterno. ¿Acaso no dijo Jesús: «En esto conocerán todos que sois discípulos míos: si os amáis unos a otros» (*Jn* 13, 35)?

La verdadera alegría de los llamados consiste en creer y experimentar que Él, el Señor, es fiel, y con Él podemos caminar, ser discípulos y testigos del amor de Dios, abrir el corazón a grandes ideales, a cosas grandes.

Mensaje, 11 de mayo de 2014

El bien es contagioso

Santo Tomás decía *bonum est diffusivum sui* —no es un latín muy difícil—, el bien se difunde. Y también la alegría se difunde. No tengan miedo de mostrar la alegría de haber respondido al llamado del Señor, a su elección de amor, y de testimoniar su Evangelio en el servicio a la Iglesia. Y la alegría, la verdad, es contagiosa; contagia... hace ir adelante. En cambio, cuando te encuentras con un seminarista muy serio, muy triste, o con una novicia así, piensas: ¡hay algo aquí que no está bien! Falta la alegría del Señor, la alegría que te lleva al servicio, la alegría del encuentro con Jesús, que te lleva al encuentro con los otros para anunciar a Jesús. ¡Falta esto! No hay santidad en la tristeza, ¡no hay! Santa Teresa —hay tantos españoles aquí que la conocen bien— decía: «Un santo triste es un triste santo». Es poca cosa... Cuando te encuentras con un seminarista, un sacerdote, una religiosa, una novicia con cara larga, triste, que parece que sobre su vida han arrojado una manta muy mojada, una de esas pesadas... que te tira al suelo... ¡Algo está mal! Pero por favor: ¡nunca más religiosas y sacerdotes con «cara avinagrada», ¡nunca más!

Encuentro, 6 de julio de 2013

El Evangelio, no es suficiente leerlo: hay que vivirlo

La pregunta que hemos de plantearnos en este año es si, y cómo, nos dejamos interpelar por el Evangelio; si éste es realmente el *vademecum* para la vida cotidiana y para las opciones que estamos llamados a tomar. El Evangelio es exigente y requiere ser vivido con radical y sinceramente. No basta leerlo (aunque la lectura y el estudio siguen siendo de extrema importancia), no es suficiente meditarlo (y lo hacemos con alegría todos los días). Jesús nos pide ponerlo en práctica, vivir sus palabras.

Carta a los consagrados,
21 de noviembre de 2014

El verdadero problema del celibato es la falta de fecundidad

La alegría que viene de Jesús. Piensen en esto: cuando a un sacerdote —digo sacerdote, pero también un seminarista—, cuando a un sacerdote, a una religiosa, le falta la alegría, es triste; ustedes pueden pensar: «Pero es un problema psiquiátrico». No, es verdad: puede ser, esto sí. Sucede: algunos, pobres, enferman... Puede ser. Pero, en general, no es un problema psiquiátrico. ¿Es un problema de insatisfacción? Sí. Pero, ¿dónde está el centro de esta falta de alegría? Es un problema de celibato. Les explico. Ustedes, seminaristas, religiosas, consagran su amor a Jesús, un amor grande; el corazón es para Jesús, y esto nos lleva a hacer el voto de castidad, el voto de celibato. Pero el voto de castidad y el voto de celibato no terminan en el momento del voto, van adelante... Un camino que madura, madura, madura hacia la paternidad pastoral, hacia la maternidad pastoral, y cuando un sacerdote no es padre de su comunidad, cuando una religiosa no es madre de todos aquellos con los que trabaja, se vuelve triste. Éste es el problema. Por eso les digo: la raíz de la tristeza en la vida pastoral está precisamente en la falta de paternidad y maternidad, que viene de vivir mal esta consagración, que, en cambio, nos debe llevar a la fecundidad. No se puede pensar en un sacerdote o en una religiosa que no sean fecundos: ¡esto no es católico! ¡Esto no es católico! Ésta es la belleza de la consagración: es la alegría, la alegría...

Encuentro, 6 de julio de 2013

El don del verdadero sacerdote

La alegría del sacerdote es un bien precioso no sólo para él sino también para todo el pueblo fiel de Dios: ese pueblo fiel del cual es llamado el sacerdote para ser ungido y al que es enviado para ungir.

Ungidos con óleo de alegría para ungir con óleo de alegría. La alegría sacerdotal tiene su fuente en el Amor del Padre, y el Señor desea que la alegría de este Amor «esté en nosotros» y «sea plena» (*Jn* 15, 11). El sacerdote es el más pobre de los hombres si Jesús no lo enriquece con su pobreza, el más inútil siervo si Jesús no lo llama amigo, el más necio de los hombres si Jesús no lo instruye pacientemente como a Pedro, el más indefenso de los cristianos si el Buen Pastor no lo fortalece en medio del rebaño. Nadie más pequeño que un sacerdote dejado a sus propias fuerzas; por eso nuestra oración protectora contra toda insidia del Maligno es la oración de nuestra Madre: soy sacerdote porque Él miró con bondad mi pequeñez (*cf. Lc* 1, 48). Y desde esa pequeñez asumimos nuestra alegría. ¡Alegría en nuestra pequeñez!

Homilía, 17 de abril de 2014

El sentido de ser sacerdote se encuentra fuera de sí mismo

Muchos, al hablar de crisis de identidad sacerdotal, no caen en la cuenta de que la identidad supone pertenencia. El sacerdote que pretende encontrar la identidad sacerdotal buceando introspectivamente en su interior quizá no encuentre otra cosa que señales que dicen «salida»: sal de ti mismo, sal en busca de Dios en la adoración, sal y dale a tu pueblo lo que te fue encomendado, que tu pueblo se encargará de hacerte sentir y gustar quién eres, cómo te llamas, cuál es tu identidad y te alegrará con el ciento por uno que el Señor prometió a sus servidores. Si no sales de ti mismo, el óleo se vuelve rancio y la unción no puede ser fecunda. Salir de sí mismo supone despojo de sí, entraña pobreza.

Homilía, 17 de abril de 2014

Vive el presente con pasión

Vivir el presente con pasión es hacerse «expertos en comunión», «testigos y artífices de aquel «proyecto de comunión» que constituye la cima de la historia del hombre según Dios». En una sociedad del enfrentamiento, de difícil convivencia entre las diferentes culturas, de la prepotencia con los más débiles, de las desigualdades, estamos llamados a ofrecer un modelo concreto de comunidad que, a través del reconocimiento de la dignidad de cada persona y del compartir el don que cada uno lleva consigo, permite vivir en relaciones fraternas.

Sean, pues, mujeres y hombres de comunión, háganse presentes con decisión allí donde hay diferencias y tensiones, y sean un signo creíble de la presencia del Espíritu, que infunde en los corazones la pasión de que todos sean uno.

Carta a los consagrados,
21 de noviembre de 2014

Marcados por el fuego de la pasión por el Reino

La humanidad tiene una gran necesidad de aprovechar la salvación que nos ha traído Cristo. Los discípulos son los que se dejan aferrar cada vez más por el amor de Jesús y marcar por el fuego de la pasión por el Reino de Dios, para ser portadores de la alegría del Evangelio. Todos los discípulos del Señor están llamados a cultivar la alegría de la evangelización. Los obispos, como principales responsables del anuncio, tienen la tarea de promover la unidad de la Iglesia local en el compromiso misionero, teniendo en cuenta que la alegría de comunicar a Jesucristo se expresa tanto en la preocupación de anunciarlo en los lugares más distantes, como en una salida constante hacia las periferias del propio territorio, donde hay más personas pobres que esperan.

Mensaje, 8 de junio de 2014

Entona el canto de la esperanza

Acompañemos a Jesús en el encuentro con su pueblo, a estar en medio de su pueblo, no en el lamento o en la ansiedad de quien se olvidó de profetizar, porque no se hace cargo de los sueños de sus mayores, sino en la alabanza y la serenidad; no en la agitación, sino en la paciencia de quien confía en el Espíritu, Señor de los sueños y de la profecía. Y así compartamos lo que no nos pertenece: el canto que nace de la esperanza.

Homilía, 2 de febrero de 2017

Donde haya consagrados, hay alegría

Que sea siempre verdad lo que dije una vez: «Donde hay religiosos, hay alegría». Estamos llamados a experimentar y demostrar que Dios es capaz de colmar nuestros corazones y hacernos felices, sin necesidad de buscar nuestra felicidad en otro lado; que la auténtica fraternidad vivida en nuestras comunidades alimenta nuestra alegría; que nuestra entrega total al servicio de la Iglesia, las familias, los jóvenes, los ancianos, los pobres, nos realiza como personas y da plenitud a nuestra vida.

Carta a los consagrados,
21 de noviembre de 2014

La alegría de Jesús son nuestros nombres escritos en el cielo

El evangelista cuenta que el Señor envió a los setenta discípulos, de dos en dos, a las ciudades y pueblos, a proclamar que el Reino de Dios había llegado, y a preparar a los hombres para el encuentro con Jesús. Después de cumplir con esta misión de anuncio, los discípulos volvieron llenos de alegría: la alegría es un tema dominante de esta primera e inolvidable experiencia misionera. El Maestro Divino les dijo: «No estéis alegres porque se os someten los espíritus; estad alegres porque vuestros nombres están inscritos en el cielo. En aquella hora, Jesús se llenó de alegría en el Espíritu Santo y dijo: «Te doy gracias, Padre, Señor del cielo y de la tierra...» (...) Y volviéndose a sus discípulos, les dijo

130

aparte: «¡Bienaventurados los ojos que ven lo que vosotros veis!» (*Lc* 10, 20-21.23).

Son tres las escenas que presenta san Lucas. Primero, Jesús habla a sus discípulos, y luego se vuelve hacia el Padre, y de nuevo comienza a hablar con ellos. De esta forma Jesús quiere hacer partícipes de su alegría a los discípulos, que es diferente y superior a la que ellos habían experimentado.

Los discípulos estaban llenos de alegría, entusiasmados con el poder de liberar de los demonios a las personas. Sin embargo, Jesús les advierte que no se alegren por el poder que se les ha dado, sino por el amor recibido: «porque vuestros nombres están inscritos en el cielo» (*Lc* 10, 20). A ellos se le ha concedido experimentar el amor de Dios, e incluso la posibilidad de compartirlo. Y esta experiencia de los discípulos es motivo de gozosa gratitud para el corazón de Jesús. Lucas entiende este júbilo en una perspectiva de comunión trinitaria: «Jesús se llenó de alegría en el Espíritu Santo», dirigiéndose al Padre y glorificándolo. Este momento de profunda alegría brota del amor profundo de Jesús como Hijo hacia su Padre, Señor del cielo y de la tierra, el cual ha ocultado estas cosas a sabios e inteligentes, y se las ha revelado a los pequeños (*cf. Lc* 10, 21). Dios ha escondido y ha revelado, y en esta oración de alabanza se destaca sobre todo el revelar. ¿Qué es lo que Dios ha revelado y ocultado? Los misterios de su Reino, el afirmarse del señorío divino en Jesús y la victoria sobre Satanás.

Mensaje, 8 de junio de 2014

131

La ciudad «sobre un monte»

Los monasterios, comunidades, centros de espiritualidad, «ciudades», escuelas, hospitales, casas de acogida y todos esos lugares que la caridad y la creatividad carismática han fundado, y que fundarán con mayor creatividad aún, deben ser cada vez más la levadura para una sociedad inspirada en el Evangelio, la «ciudad sobre un monte» que habla de la verdad y el poder de las palabras de Jesús.

Carta a los consagrados, 21 de noviembre de 2014

El llamado de Dios siempre es para nuestra liberación y de los hermanos

Escuchar y acoger el llamado del Señor no es una cuestión privada o intimista que pueda confundirse con la emoción del momento; es un compromiso concreto, real y total, que afecta a toda nuestra existencia y la pone al servicio de la construcción del Reino de Dios en la tierra. Por eso, la vocación cristiana, radicada en la contemplación del corazón del Padre, lleva al mismo tiempo al compromiso solidario en favor de la liberación de los hermanos, sobre todo de los más pobres. El discípulo de Jesús tiene el corazón abierto a su horizonte sin límites, y su intimidad con el Señor nunca es una fuga de la vida y del mundo, sino que, al contrario, esencialmente se configura como comunión misionera.

Mensaje, 29 de marzo de 2015

Las vocaciones faltan donde falta el entusiasmo

En muchas regiones escasean las vocaciones al sacerdocio y a la vida consagrada. A menudo esto se debe a que en las comunidades no hay un fervor apostólico contagioso, por lo que les falta entusiasmo y no despiertan ningún atractivo. La alegría del Evangelio nace del encuentro con Cristo y del compartir con los pobres. Por tanto, animo a las comunidades parroquiales, asociaciones y grupos a vivir una vida fraterna intensa, basada en el amor a Jesús y atenta a las necesidades de los más desfavorecidos. Donde hay alegría, fervor, deseo de llevar a Cristo a los demás, surgen las verdaderas vocaciones. Entre éstas no deben olvidarse las vocaciones laicales a la misión. Hace tiempo que se ha tomado conciencia de la identidad y de la misión de los fieles laicos en la Iglesia, así como del papel cada vez más importante que ellos están llamados a desempeñar en la difusión del Evangelio. Por esta razón, es importante proporcionarles la formación adecuada, con vistas a una acción apostólica eficaz.

Mensaje, 8 de junio de 2014

Donde hay amor fraterno, Dios llama

También hoy Jesús vive y camina en nuestras realidades de la vida ordinaria para acercarse a todos, comenzando por los últimos, y curarnos de nuestros males y enfermedades. Me dirijo ahora a aquellos que están bien dispuestos a ponerse a la escucha de la voz de Cristo que resuena en

133

la Iglesia, para comprender cuál es la propia vocación. Los invito a escuchar y seguir a Jesús, a dejarse transformar interiormente por sus palabras que «son espíritu y vida» (*Jn* 6, 63). María, Madre de Jesús y nuestra, nos repite también a nosotros: «Haced lo que él os diga» (*Jn* 2, 5). Les hará bien participar con confianza en un camino comunitario que sepa despertar en ustedes y en torno a ustedes las mejores energías. La vocación es un fruto que madura en el campo bien cultivado del amor recíproco que se hace servicio mutuo, en el contexto de una auténtica vida eclesial. Ninguna vocación nace por sí misma o vive por sí misma. La vocación surge del corazón de Dios y brota en la tierra buena del pueblo fiel, en la experiencia del amor fraterno. ¿Acaso no dijo Jesús: «En esto conocerán todos que sois discípulos míos: si os amáis unos a otros» (*Jn* 13, 35)?

Mensaje para la Jornada de las Vocaciones, 2014

En el sacerdote opera Cristo pastor

El que sea llamado, sea consciente de que existe en este mundo una alegría genuina y plena: la de ser sacado del pueblo al que uno ama para ser enviado a él como dispensador de los dones y consuelos de Jesús, el único Buen Pastor que, compadecido entrañablemente de todos los pequeños y excluidos de esta tierra que andan agobiados y oprimidos como ovejas que no tienen pastor, quiso asociar a muchos a su ministerio para estar y obrar Él mismo, en la persona de sus sacerdotes, para bien de su pueblo.

Homilía, 17 de abril de 2014

Recuerden su primer amor

Los invito a sumergirse en la alegría del Evangelio y a nutrir un amor que ilumine su vocación y misión. Los exhorto a recordar, como en una peregrinación interior, el «primer amor» con el que el Señor Jesucristo ha encendido los corazones de cada uno, no por un sentimiento de nostalgia, sino para perseverar en la alegría. El discípulo del Señor persevera con alegría cuando está con Él, cuando hace su voluntad, cuando comparte la fe, la esperanza y la caridad evangélica.

Mensaje, 8 de junio de 2014

EL DON Y LA FATIGA DE SER MUJER

A los apóstoles y los discípulos
les cuesta creer.
A las mujeres no.

3 de abril de 2013

¿Una Iglesia sin mujeres?

Una Iglesia sin mujeres es como un Colegio apostólico sin María. El papel de la mujer en la Iglesia no es solamente la maternidad, la mamá de la familia, sino que es más fuerte; es precisamente el icono de la Virgen, de María, la que ayuda a crecer a la Iglesia. Pero dense cuenta de que la Virgen es más importante que los Apóstoles. Es más importante. La Iglesia es femenina: es Iglesia, es esposa, es madre. Pero la mujer en la Iglesia no sólo debe... el papel de la mujer en la Iglesia no se puede limitar al de mamá, al de trabajadora, limitado... ¡No! Es otra cosa.

Conferencia de prensa, 28 de julio de 2013

Compartir las responsabilidades pastorales

La Iglesia reconoce el indispensable aporte de la mujer en la sociedad, con una sensibilidad, una intuición y unas capacidades peculiares que suelen ser más propias de las mujeres que de los varones. Por ejemplo, la especial atención femenina hacia los otros, que se expresa de un modo particular, aunque no exclusivo, en la maternidad. Reconozco con gusto cómo muchas mujeres comparten responsabilidades pastorales junto con los sacerdotes, contribuyen al acompañamiento de personas, de familias o de grupos y brindan nuevos aportes a la reflexión teológica. Pero todavía es necesario ampliar los espacios para una presencia femenina más incisiva en la Iglesia. Porque «el genio femenino es necesario en todas las expresiones de la vida social; por ello, se ha de garantizar la presencia de las mujeres también en el ámbito laboral» y en los diversos lugares donde se toman las decisiones importantes, tanto en la Iglesia como en las estructuras sociales.

Evangelii gaudium, 103

La realización de la mujer no es servidumbre

Sufro —digo la verdad— cuando veo en la Iglesia o en algunas organizaciones eclesiales que el papel de servicio —que todos nosotros tenemos y debemos tener— que el papel de servicio de la mujer se desliza hacia un papel de *servidumbre*. ¿Me comprenden? Servicio. Cuando veo mujeres que hacen cosas de *servidumbre*, es que no se entiende bien lo que debe hacer una mujer. ¿Qué presencia tiene la mujer en la Iglesia? ¿Puede ser mayormente valorada?

Discurso, 12 de octubre de 2013

Una vida posible, una contribución incomparable

Muchas mujeres advierten la necesidad de ser mejor reconocidas en sus derechos, en el valor de las tareas que desarrollan habitualmente en los diversos sectores de la vida social y profesional, en sus aspiraciones en el seno de la familia y de la sociedad. Algunas de ellas están cansadas y casi machacadas por la gran cantidad de sus esfuerzos y tareas, sin encontrar suficiente comprensión y ayuda.

Hace falta encontrar la manera para que la mujer no esté, por exigencias económicas, atada a un trabajo demasiado duro y a un horario demasiado pesado, los cuales se suman a todas sus responsabilidades como conductora de la casa y educadora de los hijos. Pero sobre todo hace falta considerar que los esfuerzos de la mujer, en todos los niveles de la vida familiar, también constituyen una contribución incomparable a la vida y al futuro de la sociedad.

Mensaje, 2 de diciembre de 2014

Construir reciprocidad

Aunque hubo notables mejoras en el reconocimiento de los derechos de la mujer y en su participación en el espacio

139

público, todavía hay mucho por avanzar en algunos países. No se terminan de erradicar costumbres inaceptables. Destaco la vergonzosa violencia que a veces se ejerce sobre las mujeres, el maltrato familiar y distintas formas de esclavitud que no constituyen una muestra de fuerza masculina, sino una cobarde degradación. La violencia verbal, física y sexual que se ejerce contra las mujeres en algunos matrimonios contradice la naturaleza misma de la unión conyugal. Pienso en la grave mutilación genital de la mujer en algunas culturas, pero también en la desigualdad del acceso a puestos de trabajo dignos y a los lugares donde se toman las decisiones. La historia lleva las huellas de los excesos de las culturas patriarcales, donde la mujer era considerada de segunda clase, pero recordemos también el alquiler de vientres o «la instrumentalización y mercantilización del cuerpo femenino en la actual cultura mediática». Hay quienes consideran que muchos problemas actuales han ocurrido a partir de la emancipación de la mujer. Pero este argumento no es válido, «es una falsedad, no es verdad. Es una forma de machismo». La idéntica dignidad entre el varón y la mujer nos mueve a alegrarnos de que se superen viejas formas de discriminación, y de que en el seno de las familias se desarrolle un ejercicio de reciprocidad. Si surgen formas de feminismo que no podamos considerar adecuadas, igualmente admiramos una obra del Espíritu en el reconocimiento más claro de la dignidad de la mujer y de sus derechos.

Amoris laetitia, 54

¡Mujer, Dios te confía el ser humano!

Dios confía de modo especial el hombre, el ser humano, a la mujer (*cf.* n. 30).

   ¿Qué significa este «confiar especialmente», especial custodia del ser humano a la mujer? Me parece evidente que mi Predecesor se refiere a la maternidad. Muchas cosas pueden cambiar y han cambiado en la evolución cultural y social, pero permanece el hecho de que es la mujer quien concibe, lleva en el seno y da a luz a los hijos de los hombres. Esto no es sencillamente un dato biológico, sino que comporta una riqueza de implicaciones tanto para la mujer misma, por su modo de ser, como para sus relaciones, por el modo de situarse ante la vida humana y la vida en general. Llamando a la mujer a la maternidad, Dios le ha confiado de manera muy especial el ser humano.

Discurso, 12 de octubre de 2013

Mujer y hombre, sois complementarios

La complementariedad está en la base del matrimonio y de la familia, que es la primera escuela donde aprendemos a apreciar nuestros dones y los de los demás y donde comenzamos a aprender el arte de vivir juntos. Para la mayor parte de nosotros, la familia constituye el sitio principal donde comenzamos a «respirar» valores e ideales, así como a realizar nuestro potencial de virtud y de caridad. Al mismo tiempo, como sabemos, las familias son lugares de tensiones: entre egoísmo y altruismo, entre razón y pasión, entre deseos inmediatos y objetivos a largo plazo, etc. Pero las familias proveen también el ámbito en donde se resuelven tales tensiones: y esto es importante. Cuando hablamos de complementariedad entre hombre y mujer en este contexto, no debemos confundir tal término con la idea superficial de que todos los papeles y las relaciones de ambos sexos están encerrados en un modelo único y estático. La complementariedad asume muchas formas, porque cada hombre y cada mujer da su propia aportación personal al matrimonio y a la educación de los hijos. La propia riqueza personal, el propio carisma personal y la complementariedad se convierte así en una gran riqueza. Y no sólo es un bien, sino que es también belleza.

Discurso, 17 de noviembre de 2014

Dos peligros que mortifican la vocación de la mujer

Hay dos peligros siempre presentes, dos extremos opuestos que afligen a la mujer y a su vocación. El primero es reducir la maternidad a un papel social, a una tarea, incluso noble, pero que de hecho desplaza a la mujer con sus potencialidades, no la valora plenamente en la construcción de la comunidad. Esto tanto en el ámbito civil como en el ámbito eclesial. Y, como reacción a esto, existe otro peligro, en sentido opuesto, el de promover una especie de emancipación que, para ocupar los espacios sustraídos al ámbito masculino, abandona lo femenino con los rasgos preciosos que lo caracterizan.

Discurso, 12 de octubre de 2013

La aportación del genio femenino en la familia, en la sociedad, en la Iglesia

Si en el mundo del trabajo y en la esfera pública es importante la aportación más incisiva del genio femenino, tal aportación permanece imprescindible en el ámbito de la familia, que para nosotros cristianos no es sencillamente un lugar privado, sino la «Iglesia doméstica», cuya salud y prosperidad es condición para la salud y prosperidad de la Iglesia y de la sociedad misma. Pensemos en la Virgen: la Virgen en la Iglesia crea algo que no pueden crear los sacerdotes, los obispos y los papas. Es ella el auténtico genio femenino. Y pensemos en la Virgen en las familias. ¿Qué hace la Virgen en una familia? Por lo tanto, la presencia de la mujer en el ámbito doméstico se revela hoy como nunca necesaria para la transmisión a las generaciones futuras de sólidos principios morales y para la transmisión misma de la fe.

Discurso, 25 de enero de 2014

¡Aprende de las mujeres, desde la Resurrección, para salir y compartir la fe!

Los primeros testigos de este acontecimiento fueron las mujeres. Al amanecer, ellas fueron al sepulcro para ungir el cuerpo de Jesús, y encuentran el primer signo: la tumba vacía (*cf. Mc* 16, 1). Sigue luego el encuentro con un Mensajero de Dios que anuncia: Jesús de Nazaret, el Crucificado, no está aquí, ha resucitado (*cf.* vv. 5-6). Las mujeres fueron impulsadas por el amor y saben acoger este anuncio con fe: creen, e inmediatamente lo transmiten, no se lo guardan para sí mismas, lo comunican. La alegría de saber que Jesús está vivo, la esperanza que llena el corazón, no se pueden contener. Esto debería suceder también en nuestra vida. ¡Sintamos la alegría de ser cristianos! Nosotros creemos en un Resucitado que ha vencido el mal y la muerte. Tengamos la valentía de «salir» para llevar esta alegría y esta luz a todos los sitios de nuestra vida. La Resurrección de Cristo es nuestra más grande certeza, es el tesoro más valioso. ¿Cómo no compartir con los demás este tesoro, esta certeza? No es sólo para nosotros; es para transmitirla, para darla a los demás, compartirla con los demás.

Audiencia general, 3 de abril de 2013

El trabajo teológico de las mujeres revela lo insondable

Invito a reflexionar sobre el papel que las mujeres pueden y deben desempeñar en el campo de la teología... En virtud de su genio femenino, las teólogas pueden mostrar, en beneficio de todos, ciertos aspectos inexplorados del insondable misterio de Cristo, «en el cual están ocultos todos los tesoros de la sabiduría y del conocimiento» (*Col* 2, 3).

Os invito, pues, a sacar el mayor provecho de esta aportación específica de las mujeres a la inteligencia de la fe.

Discurso, 5 de diciembre de 2014

¡Adelante con el testimonio!

Esto es, en cierto sentido, la misión de las mujeres: de las madres, de las mujeres. Dar testimonio a los hijos, a los nietos, de que Jesús está vivo, es el viviente, ha resucitado. Madres y mujeres, ¡adelante con este testimonio! Para Dios cuenta el corazón, lo abiertos que estamos a Él, si somos como niños que confían. Pero esto nos hace reflexionar también sobre cómo las mujeres, en la Iglesia y en el camino de fe, han tenido y tienen también hoy un papel especial en abrir las puertas al Señor, seguirle y comunicar su Rostro, porque la mirada de fe siempre necesita de la mirada sencilla y profunda del amor.

Audiencia general, 2 de abril de 2013

Decisiones arriesgadas, pero decisiones tomadas «como mujeres»

En la Iglesia, se debe pensar en la mujer desde este punto de vista: de decisiones arriesgadas, pero como mujeres. Esto se debe explicitar más. Creo que nosotros no hemos hecho todavía una teología profunda de la mujer, en la Iglesia. Solamente puede hacer esto, puede hacer aquello, ahora hace de monaguilla, ahora lee la lectura, es la presidenta de *Caritas*... Pero, hay algo más. Es necesario hacer una profunda teología de la mujer. Esto es lo que yo pienso.

Conferencia de prensa, 28 de julio de 2013

Ustedes las mujeres salen ganando sobre los varones

La mujer tiene ese gran tesoro de poder dar vida, de poder dar ternura, de poder dar paz y alegría. Hay un solo modelo para ustedes, María: la mujer de la fidelidad, la que no entendía lo que le pasaba, pero obedeció. La que en cuanto supo lo que su prima necesitaba, se fue corriendo, la Virgen de la Prontitud. La que se escapó como refugiada en un país extranjero para salvar la vida de su Hijo. La que ayudó a crecer a su Hijo y lo acompañó, y cuando su Hijo empezó a predicar, iba detrás de Él. La que sufrió todo lo que le estaba pasando a ese chico, a ese muchacho grande. La que estaba al lado de ese Hijo y le decía los problemas que había: «Mira: no tienen vino». La que en el momento de la Cruz estaba junto a Él.

Que María, la Señora de la Caricia, la Señora de la Ternura, la Señora de la Prontitud para servir, les vaya indicando el camino. Bueno, ahora no se enojen, que ustedes salieron ganando sobre los varones.

Videomensaje, 26 de abril de 2014

Un icono femenino inolvidable

En la cruz, cuando Cristo sufría en su carne el dramático encuentro entre el pecado del mundo y la misericordia divina, pudo ver a sus pies la consoladora presencia de la Madre y del amigo. En ese crucial instante, antes de dar por consumada la obra que el Padre le había encargado, Jesús le dijo a María: «Mujer, ahí tienes a tu hijo». Luego le dijo al amigo amado: «Ahí tienes a tu madre» (*Jn* 19, 26-27). Estas palabras de Jesús al borde de la muerte no expresan primeramente una preocupación piadosa hacia su madre, sino que son más bien una fórmula de revelación que manifiesta el misterio de una especial misión salvífica. Jesús nos dejaba a su madre como madre nuestra. Sólo después de hacer esto Jesús pudo sentir que «todo está cumplido» (*Jn* 19, 28). Al pie de la cruz, en la hora suprema de la nueva creación, Cristo nos lleva a María. Él nos lleva a ella, porque no quiere que caminemos sin una madre, y el pueblo lee en esa imagen materna todos los misterios del Evangelio. Al Señor no le agrada que falte a su Iglesia el icono femenino.

Evangelii gaudium, 285

Nada de machismo «con faldas»

Es necesario ampliar los espacios para una presencia femenina más incisiva en la Iglesia. Temo la solución del «machismo con faldas», porque la mujer tiene una estructura diferente del varón. Pero los discursos que oigo sobre el rol de la mujer a menudo se inspiran en una ideología machista. Las mujeres están formulando cuestiones profundas que debemos afrontar. La Iglesia no puede ser ella misma sin la mujer y el papel que ésta desempeña. La mujer es imprescindible para la Iglesia. María, una mujer, es más importante que los obispos. Digo esto porque no hay que confundir la función con la dignidad. Es preciso, por tanto, profundizar más en la figura de la mujer en la Iglesia. Hay que trabajar más hasta elaborar una teología profunda de la mujer. Sólo tras haberlo hecho podremos reflexionar mejor sobre su función dentro de la Iglesia. En los lugares donde se toman las decisiones importantes es necesario el genio femenino. Afrontamos hoy este desafío: reflexionar sobre el puesto específico de la mujer incluso allí donde se ejercita la autoridad en los varios ámbitos de la Iglesia.

Entrevista con el Padre Antonio Spadaro,
19 de agosto de 2013

TERCERA PARTE

LA MISERICORDIA DE DIOS EN EL SUFRIMIENTO

MÁS ALLÁ DE LAS LÁGRIMAS
Y DE LA SOLEDAD

El que se quema con leche,
ve la vaca y llora.

9 de enero de 2015

Dios entra en nuestras luchas cotidianas

Dios mismo es el que toma la iniciativa y elige insertarse, como hizo con María, en nuestros hogares, en nuestras luchas diarias, llenas de ansias y al mismo tiempo de deseos. Y es precisamente dentro de nuestras ciudades, de nuestras escuelas y universidades, de las plazas y los hospitales que se escucha el anuncio más bello que podemos oír: «¡Alégrate, el Señor está contigo!». Una alegría que genera vida, que genera esperanza, que se hace carne en la forma en que miramos al futuro, en la actitud con la que miramos a los demás. Una alegría que se convierte en solidaridad, hospitalidad, misericordia hacia todos.

Homilía, 25 de marzo de 2017

El Papa también tiene miedo

D: *Yo tengo algunos miedos. ¿Usted de qué tiene miedo?*

R. [Papa Francisco]: ¡De mí mismo! Miedo... Mira, en el Evangelio Jesús repite tanto: «No tengáis miedo. No tengáis miedo». Lo dice muchas veces. ¿Y por qué? Porque sabe que el miedo es algo —diría— normal. Tenemos miedo de la vida, tenemos miedo frente a los desafíos, tenemos miedo ante Dios... Todos tenemos miedo, todos. Tú no debes preocuparte de tener miedo. Debes sentir esto, pero no tengas miedo, y además piensa: «¿Por qué tengo miedo?». Y ante Dios y ante ti misma, trata de aclarar la situación o pedir ayuda a otro. El miedo no es buen consejero, porque te aconseja mal. Te impulsa hacia un camino que no es el correcto. Por eso Jesús repetía tanto: «No tengáis miedo. No tengáis miedo». Además, debemos conocernos a nosotros mismos, todos: cada uno debe conocerse a sí mismo y buscar dónde está la zona en la que podemos equivocarnos más, y tener un poco de miedo de esa zona. Porque está el miedo malo y el miedo bueno. El miedo bueno es como la prudencia. Es una actitud prudente: «Mira, tú eres débil en esto, esto y esto, sé prudente y no caigas». El miedo malo es el que tú dices que te anula un poco, te aniquila. Te aniquila, no te deja hacer nada: éste es malo, y es necesario rechazarlo.

Encuentro con los jóvenes,
31 de marzo de 2014

¡El Evangelio no es un maquillaje!

¡Jesús ha resucitado! ¡Nosotros lo hemos visto!

Dejemos que esta experiencia, impresa en el Evangelio, se imprima también en nuestro corazón y se transparente en nuestra vida. Dejemos que el asombro gozoso del Domingo de Pascua se irradie en los pensamientos, en las miradas, en las actitudes, en los gestos y en las palabras... ¡Ojalá fuésemos así de luminosos! Pero esto no es un *maquillaje*. Viene de dentro, de un corazón inmerso en la fuente de este gozo, como el de María Magdalena, que lloraba la pérdida de su Señor y no creía a sus ojos al verlo resucitado. Quien experimenta esto se convierte en testigo de la Resurrección, porque en cierto sentido resucita él mismo, resucita ella misma. De este modo es capaz de llevar un «rayo» de la luz del Resucitado a las diversas situaciones: a las que son felices, haciéndolas más hermosas y preservándolas del egoísmo; a las dolorosas, llevando serenidad y esperanza.

Regina coeli, 21 de abril de 2014

Cuando llega el diablo disfrazado de ángel

Ésta es la palabra que quisiera decirles: *alegría*. No sean nunca hombres y mujeres tristes: un cristiano jamás puede serlo. Nunca se dejen vencer por el desánimo. Nuestra alegría no es algo que nace de tener tantas cosas, sino de haber encontrado a una persona, Jesús; que está entre nosotros; nace del saber que, con él, nunca estamos solos, incluso en los momentos difíciles, aun cuando el camino de la vida tropieza con problemas y obstáculos que parecen insuperables, y ¡hay tantos! Y en este momento viene el enemigo, viene el diablo, tantas veces disfrazado de ángel, e insidiosamente nos dice su palabra. No le escuchen. Sigamos a Jesús. Nosotros acompañamos, seguimos a Jesús, pero sobre todo sabemos que él nos acompaña y nos carga sobre sus hombros: en esto reside nuestra alegría, la esperanza que hemos de llevar en este mundo nuestro. Y, por favor, no se dejen robar la esperanza, no dejen robar la esperanza. Ésa que nos da Jesús.

Homilía, 24 de marzo de 2013

Cuando vivimos entre espinas y desiertos

Cuán a menudo parece que las semillas del bien y de la esperanza que intentamos sembrar quedan sofocadas por la maleza del egoísmo, por la hostilidad y la injusticia, no sólo a nuestro alrededor, sino también en nuestros propios corazones. Nos preocupa la creciente desigualdad en nuestras sociedades entre ricos y pobres. Vemos signos de idolatría de la riqueza, del poder y del placer, obtenidos a un precio altísimo para la vida de los hombres. Cerca de nosotros, muchos de nuestros amigos y coetáneos, aun en medio de una gran prosperidad material, sufren pobreza espiritual, soledad y callada desesperación. Parece como si Dios hubiera sido eliminado de este mundo. Es como si un desierto espiritual se estuviera propagando por todas partes. Afecta también a los jóvenes, robándoles la esperanza y, en tantos casos, incluso la vida misma.

No obstante, éste es el mundo al que ustedes están llamados a ir y dar testimonio del Evangelio de la esperanza, el Evangelio de Jesucristo, y la promesa de su Reino.

Discurso, 15 de agosto de 2014

Acepta el reto que proviene de las lágrimas

Al mundo de hoy le falta llorar. Lloran los marginados, lloran aquellos que son dejados de lado, lloran los despreciados, pero aquellos que llevamos una vida más o menos sin necesidades no sabemos llorar. Solamente ciertas realidades de la vida se ven con los ojos limpiados por las lágrimas. Los invito a que cada uno se pregunte: ¿Yo aprendí a llorar? ¿Yo aprendí a llorar cuando veo un niño con hambre, un niño drogado en la calle, un niño que no tiene casa, un niño abandonado, un niño abusado, un niño usado por una sociedad como esclavo? ¿O mi llanto es el llanto caprichoso de aquel que llora porque le gustaría tener algo más? Y esto es lo primero que yo quisiera decirles: aprendamos a llorar... Jesús, en el Evangelio, lloró. Lloró por el amigo muerto. Lloró en su corazón por esa familia que había perdido a su hija. Lloró en su corazón cuando vio a esa pobre madre viuda que llevaba a enterrar a su hijo. Se conmovió y lloró en su corazón cuando vio a la multitud como ovejas sin pastor. Si tú no aprendes a llorar, no eres un buen cristiano. Y éste es un desafío.

Discurso, 18 de enero de 2015

El camino del fracaso y el de la realización

¡Cuántas familias viven angustiadas porque alguno de sus miembros —a menudo joven— tiene dependencia del alcohol, las drogas, el juego o la pornografía! ¡Cuántas personas han perdido el sentido de la vida, están privadas de perspectivas para el futuro y han perdido la esperanza! Y cuántas personas se ven obligadas a vivir esta miseria por condiciones sociales injustas, por falta de un trabajo, lo cual les priva de la dignidad que da llevar el pan a casa, por falta de igualdad respecto de los derechos a la educación y la salud. En estos casos la miseria moral bien podría llamarse casi suicidio incipiente. Esta forma de miseria, que también es causa de ruina económica, siempre va unida a la *miseria espiritual*, que nos golpea cuando nos alejamos de Dios y rechazamos su amor. Si consideramos que no necesitamos a Dios, que en Cristo nos tiende la mano, porque pensamos que nos bastamos a nosotros mismos, nos dirigimos por un camino de fracaso. Dios es el único que verdaderamente salva y libera.

Mensaje para la Cuaresma, 2014

Ten cuidado con la soledad sin sentido

El gran riesgo del mundo actual, con su múltiple y abrumadora oferta de consumo, es una tristeza individualista que brota del corazón cómodo y avaro, de la búsqueda enfermiza de placeres superficiales, de la conciencia aislada.

Cuando la vida interior se clausura en los propios intereses, ya no hay espacio para los demás, ya no entran los pobres, ya no se escucha la voz de Dios, ya no se goza la dulce alegría de su amor, ya no palpita el entusiasmo por hacer el bien. Los creyentes también corren ese riesgo, cierto y permanente. Muchos caen en él y se convierten en seres resentidos, quejosos, sin vida. Ésa no es la opción de una vida digna y plena, ése no es el deseo de Dios para nosotros, ésa no es la vida en el Espíritu que brota del corazón de Cristo resucitado.

Evangelii gaudium, 2

El significado último de tu existencia proviene de Dios

La primera forma de indiferencia en la sociedad humana es la indiferencia ante Dios, de la cual brota también la indiferencia ante el prójimo y ante lo creado. Esto es uno de los graves efectos de un falso humanismo y del materialismo práctico, combinados con un pensamiento relativista y nihilista. El hombre piensa ser el autor de sí mismo, de la propia vida y de la sociedad; se siente autosuficiente; busca no sólo reemplazar a Dios, sino prescindir completamente de él. Por consiguiente, cree que no debe nada a nadie, excepto a sí mismo, y pretende tener sólo derechos.

Mensaje para la Jornada de la Paz, 2016

¿Cómo se está transformando mi mente?

¿Mi *forma mentis* se está haciendo más individualista o más solidaria? Si es más solidaria, es una buena señal porque irás a contracorriente, pero en la única dirección que tiene un futuro y que da futuro. La solidaridad, no proclamada con palabras, sino vivida concretamente, crea paz y esperanza para cada país y para el mundo entero.

Discurso, 17 de febrero de 2017

Que tus cuaresmas te conduzcan a la Pascua

Hay cristianos cuya opción parece ser la de una Cuaresma sin Pascua. Pero reconozco que la alegría no se vive del mismo modo en todas las etapas y circunstancias de la vida, a veces muy duras. Se adapta y se transforma, y siempre permanece al menos como un brote de luz que nace de la certeza personal de ser infinitamente amado, más allá de todo. Comprendo a las personas que tienden a la tristeza por las graves dificultades que tienen que sufrir, pero poco a poco hay que permitir que la alegría de la fe comience a despertarse, como una secreta pero firme confianza, aun en medio de las peores angustias.

Evangelii gaudium, 6

Dios no es insensible; Caín, sí; ¿y tú?

Caín dice que no sabe lo que le ha sucedido a su hermano, dice que no es su guardián. No se siente responsable de su vida, de su suerte. No se siente implicado. Es indiferente ante su hermano, a pesar de que ambos estén unidos por el mismo origen. ¡Qué tristeza! ¡Qué drama fraterno, familiar, humano! Ésta es la primera manifestación de la indiferencia entre hermanos. En cambio, Dios no es indiferente: la sangre de Abel tiene gran valor ante sus ojos y pide a Caín que rinda cuentas de ella. Por tanto, Dios se revela desde el inicio de la humanidad como Aquel que se interesa por la suerte del hombre.

Mensaje para la Jornada de la Paz, 2016

¿Vives la globalización de la indiferencia?

Dios no es indiferente a nosotros. Está interesado en cada uno de nosotros, nos conoce por nuestro nombre, nos cuida y nos busca cuando lo dejamos. Cada uno de nosotros le interesa; su amor le impide ser indiferente a lo que nos sucede. Pero ocurre que cuando estamos bien y nos sentimos a gusto, nos olvidamos de los demás (algo que Dios Padre no hace jamás), no nos interesan sus problemas, ni sus sufrimientos, ni las injusticias que padecen... Entonces nuestro corazón cae en la indiferencia: yo estoy relativamente bien y a gusto, y me olvido de quienes no están bien. Esta actitud egoísta, de indiferencia, ha alcanzado hoy una dimensión mundial, hasta tal punto que podemos hablar de una globalización de la indiferencia. Se trata de un malestar que tenemos que afrontar como cristianos.

Mensaje para la Cuaresma, 2015

Evita los paraísos artificiales

En una cultura frecuentemente dominada por la técnica, se multiplican las formas de tristeza y soledad en las que caen las personas, entre ellas muchos jóvenes. En efecto, el futuro parece estar en manos de la incertidumbre que impide tener estabilidad. De ahí surgen a menudo sentimientos de melancolía, tristeza y aburrimiento que lentamente pueden conducir a la desesperación. Se necesitan testigos de la esperanza y de la verdadera alegría para deshacer las quimeras que prometen una felicidad fácil con paraísos artificiales. El vacío profundo de muchos puede ser colmado por la esperanza que llevamos en el corazón y por la alegría que brota de ella. Hay mucha necesidad de reconocer la alegría que se revela en el corazón que ha sido tocado por la misericordia. Hagamos nuestras, por tanto, las palabras del Apóstol: «Estad siempre alegres en el Señor» (*Flp* 4, 4; *cf. 1 Ts* 5, 16).

Misericordia et misera, 3

No tengas miedo del amor

Durante la juventud, emerge la gran riqueza afectiva que hay en sus corazones, el deseo profundo de un amor verdadero, maravilloso, grande. ¡Cuánta energía hay en esta capacidad de amar y ser amado! No permitan que este valor tan precioso sea falseado, destruido o menoscabado. Esto sucede cuando nuestras relaciones están marcadas por la instrumentalización del prójimo para los propios

160

MÁS ALLÁ DE LAS LÁGRIMAS Y DE LA SOLEDAD

fines egoístas, en ocasiones como mero objeto de placer. El corazón queda herido y triste tras esas experiencias negativas. Se los ruego: no tengan miedo al amor verdadero, aquel que nos enseña Jesús y que san Pablo describe así: «El amor es paciente, afable; no tiene envidia; no presume ni se engríe; no es maleducado ni egoísta; no se irrita; no lleva cuentas del mal; no se alegra de la injusticia, sino que goza con la verdad. Disculpa sin límites, cree sin límites, espera sin límites, aguanta sin límites. El amor no pasa nunca» (*1 Co* 13, 4-8).

Mensaje para la JMJ, 2015

Acepta los desafíos contra la dignidad de la persona

No tener trabajo y no recibir un salario justo; no tener una casa o una tierra donde habitar; ser discriminados por la fe, la raza, la condición social...: éstas, y muchas otras, son situaciones que atentan contra la dignidad de la persona, frente a las cuales la acción misericordiosa de los cristianos responde ante todo con la vigilancia y la solidaridad. Cuántas son las situaciones en las que podemos restituir la dignidad a las personas para que tengan una vida más humana. Pensemos solamente en los niños y niñas que sufren violencias de todo tipo, violencias que les roban la alegría de la vida. Sus rostros tristes y desorientados están impresos en mi mente; piden que les ayudemos a liberarse de las esclavitudes del mundo contemporáneo. Estos niños son los jóvenes del mañana; ¿cómo los estamos preparando para que vivan con dignidad y responsabilidad? ¿Con qué esperanza pueden afrontar su presente y su futuro?

Misericordia et misera, 19

Vive la compasión, no te dejes desanimar

Nosotros siempre tenemos noticias de gente que cae en la desesperación y hace cosas feas... La desesperación las lleva a muchas cosas feas. Es una referencia a quien ha sido desanimado, a quien es débil, a quien ha sido abatido por el peso de la vida y de las propias culpas y no consigue levantarse más. En estos casos, la cercanía y el calor de toda la Iglesia deben hacerse todavía más intensos y cariñosos, y deben asumir la forma exquisita de la compasión, que no es tener lástima: la compasión es padecer con el otro, sufrir con el otro, acercarme a quien sufre; una palabra, una caricia, pero que venga del corazón; ésta es la compasión. Para quien tiene necesidad del apoyo y la consolación. Esto es importante más que nunca: la esperanza cristiana no puede prescindir de la caridad genuina y concreta.

Audiencia general, 8 de febrero de 2017

Sé los ojos del ciego y los pies del cojo

Cuántos cristianos dan testimonio también hoy, no con las palabras, sino con su vida radicada en una fe genuina, y son «ojos del ciego» y «del cojo los pies». Personas que están junto a los enfermos que tienen necesidad de una asistencia continuada, de una ayuda para lavarse, para vestirse, para alimentarse. Este servicio, especialmente cuando se prolonga en el tiempo, se puede volver fatigoso y pesado. Es relativamente fácil servir por algunos días, pero es difícil cuidar de una persona durante meses o incluso durante años, incluso cuando ella ya no es capaz de agradecer. Y, sin embargo, ¡qué gran camino de santificación es éste!

Mensaje para la Jornada del Enfermo, 2015

Pide por la salud, pero también por la paz del corazón

En la solicitud de María se refleja la ternura de Dios. Y esa misma ternura se hace presente también en la vida de muchas personas que se encuentran junto a los enfermos y saben comprender sus necesidades, aún las más ocultas, porque miran con ojos llenos de amor. Cuántas veces una madre a la cabecera de su hijo enfermo, o un hijo que se ocupa de su padre anciano, o un nieto que está cerca del abuelo o de la abuela, confían su súplica en las manos de la Virgen. Para nuestros seres queridos que sufren por la enfermedad pedimos en primer lugar la salud; Jesús mismo manifestó la presencia del Reino de Dios precisamente a través de las curaciones: «Id a anunciar a Juan lo que estáis viendo y oyendo: los ciegos ven y los cojos andan; los leprosos quedan limpios y los sordos oyen; los muertos resucitan» (*Mt* 11, 4-5). Pero el amor animado por la fe hace que pidamos para ellos algo más grande que la salud física: pedimos la paz, la serenidad de la vida que parte del corazón y que es don de Dios, fruto del Espíritu Santo que el Padre no niega nunca a los que se lo piden con confianza.

Mensaje para la Jornada del Enfermo, 2016

A nosotros nos gustan los ídolos...

Fe es fiarse de Dios —quien tiene fe, se fía de Dios— pero viene el momento en el que, encontrándose con las dificultades de la vida, el hombre experimenta la fragilidad de esa confianza y siente la necesidad de certezas diferentes, de seguridades tangibles, concretas. Yo me fío de Dios, pero la situación es un poco fea y yo necesito de una certeza un poco más concreta. ¡Y allí está el peligro! Y entonces estamos tentados de buscar consuelos también efímeros, que parecen llenar el vacío de la soledad y calmar el cansancio del creer. Y pensamos poder encontrar en la seguridad que puede dar el dinero, en las alianzas con los poderosos, en la mundanidad, en las falsas ideologías. A veces las buscamos en un dios que pueda doblarse a nuestras peticiones y mágicamente intervenir para cambiar la realidad y hacer como nosotros queremos; un ídolo, precisamente, que en cuanto tal no puede hacer nada, impotente y mentiroso. Pero a nosotros nos gustan los ídolos, ¡nos gustan mucho!

Audiencia general, 11 de enero de 2017

No perseguir las cosas que pasan, ni el amor «a prueba»

Algunos dirán: la alegría nace de las cosas que se tienen, y entonces he aquí la búsqueda del último modelo de smart-phone, el scooter más veloz, el coche que llama la aten-ción... Pero yo les digo, en verdad, que a mí me hace mal cuando veo a un sacerdote o a una religiosa en un auto úl-timo modelo: ¡no se puede! ¡No se puede! Piensen esto: pero entonces, Padre, ¿debemos ir en bicicleta? ¡Es buena la bicicleta! Monseñor Alfred va en bicicleta: él va en bi-cicleta. Creo que el auto es necesario cuando hay mucho trabajo y para trasladarse... ¡pero usen uno más humil-de! Y si te gusta el más bueno, ¡piensa en cuántos niños se mueren de hambre! Solamente esto. La alegría no nace, no viene de las cosas que se tienen. Otros dicen que viene de las experiencias más extremas, para sentir la emoción de las sensaciones más fuertes: a la juventud le gusta caminar en el borde del precipicio, ¡le gusta de verdad! Otros, inclu-so, del vestido más a la moda, de la diversión en los locales más en boga, pero con esto no digo que las religiosas vayan a esos lugares, lo digo de los jóvenes en general. Otros, in-cluso, del éxito con las muchachas o los muchachos, quizá pasando de una a otra o de uno a otro. Ésta es la inseguri-dad del amor, que no es seguro: es el amor «a prueba». Y podríamos continuar... También ustedes se hallan en con-tacto con esta realidad que no pueden ignorar.

Encuentro con los seminaristas y los novicios,
6 de julio de 2013

Que el agua de tu vida se convierta en vino bueno

También nosotros, sanos o enfermos, podemos ofrecer nuestros cansancios y sufrimientos como el agua que llenó las tinajas en las bodas de Caná y fue transformada en el mejor vino. Cada vez que se ayuda discretamente a quien sufre, o cuando se está enfermo, se tiene la ocasión de cargar sobre los propios hombros la cruz de cada día y de seguir al Maestro (*cf. Lc* 9, 23); y aun cuando el encuentro con el sufrimiento sea siempre un misterio, Jesús nos ayuda a encontrarle sentido.

Si sabemos escuchar la voz de María, que nos dice también a nosotros: «Haced lo que Él os diga», Jesús transformará siempre el agua de nuestra vida en vino bueno.

Mensaje para la Jornada del Enfermo, 2016

Las puertas del consuelo

Por lo tanto, si queremos ser consolados, tenemos que dejar que el Señor entre en nuestra vida. Y para que el Señor habite establemente en nosotros, es necesario abrirle la puerta y no dejarlo fuera. Hay que tener siempre abiertas las *puertas del consuelo* porque Jesús quiere entrar por ahí: por el Evangelio leído cada día y llevado siempre con nosotros, la oración silenciosa y de adoración, la Confesión y la Eucaristía. A través de estas puertas el Señor entra y hace que las cosas tengan un sabor nuevo. Pero cuando la puerta del corazón se cierra, su luz no llega y se queda a oscuras.

Entonces nos acostumbramos al pesimismo, a lo que no funciona bien, a las realidades que nunca cambiarán. Y terminamos por encerrarnos dentro de nosotros mismos en la tristeza, en los sótanos de la angustia, solos. Si, por el contrario, abrimos de par en par las puertas del consuelo, entrará la luz del Señor.

Homilía, 1 de octubre de 2016

Mantén firmes las raíces de tu esperanza

La esperanza es don de Dios. Debemos pedirla. Está ubicada en lo más profundo del corazón de cada persona para que pueda iluminar con su luz el presente, muchas veces turbado y ofuscado por tantas situaciones que conllevan tristeza y dolor. Tenemos necesidad de fortalecer cada vez más las raíces de nuestra esperanza, para que puedan dar fruto. En primer lugar, la certeza de la presencia y de la compasión de Dios, no obstante el mal que hemos cometido. No existe lugar en nuestro corazón que no pueda ser alcanzado por el amor de Dios. Donde hay una persona que se ha equivocado, allí se hace presente con más fuerza la misericordia del Padre, para suscitar arrepentimiento, perdón, reconciliación, paz.

Homilía, 6 de noviembre de 2016

¿Estás sufriendo? Conoce a Dios «no sólo de oídas»

También cuando la enfermedad, la soledad y la incapacidad predominan sobre nuestra vida prestada, la experiencia del dolor puede ser un lugar privilegiado para la transmisión de la gracia y fuente para lograr y reforzar la *sapientia cordis*. Se comprende así cómo Job, al final de su experiencia, dirigiéndose a Dios puede afirmar: «Yo te conocía sólo de oídas, mas ahora te han visto mis ojos» (42, 5). De igual modo, las personas sumidas en el misterio del sufrimiento y del dolor, acogido en la fe, pueden volverse testigos vivientes de una fe que permite habitar el mismo sufrimiento, aunque con su inteligencia el hombre no sea capaz de comprenderlo hasta el fondo.

Mensaje para la Jornada del Enfermo, 2015

Luces que ciegan y luces que aclaran

También en nuestra vida existen diversas estrellas, luces que brillan y orientan. Depende de nosotros elegir cuáles seguir. Por ejemplo, hay luces intermitentes, que van y vienen, como las pequeñas satisfacciones de la vida: que aunque buenas, no son suficientes, porque duran poco y no dejan la paz que buscamos. Después están las luces cegadoras del primer plano, del dinero y del éxito, que prometen todo y enseguida: son seductoras, pero con su fuerza ciegan y hacen pasar de los sueños de gloria a la oscuridad más densa. Los Reyes Magos, en cambio, invitan a seguir una luz estable, una luz amable, que no se oculta, porque no es de este mundo: viene del cielo y resplandece... ¿Dónde? En el corazón.

Esta luz verdadera es la luz del Señor, o mejor dicho, es el Señor mismo. Él es nuestra luz: una luz que no deslumbra, sino que acompaña y da una alegría única.

Ángelus, 6 de enero de 2017

Si compartes sólo las migas, no quitas el hambre

Es sencillo dar una parte de los beneficios, sin abrazar y tocar a las personas que reciben esas «migajas». Sin embargo, también sólo cinco panes y dos peces pueden quitar el hambre a las multitudes si son el compartir de toda nuestra vida. En la lógica del Evangelio, si no se dona todo, no se dona nunca suficiente.

Discurso, 4 de febrero de 2017

Ningún sabio esta cerrado en sí mismo

Sabiduría del corazón es salir de sí hacia el hermano. A veces nuestro mundo olvida el valor especial del tiempo empleado junto a la cama del enfermo, porque estamos apremiados por la prisa, por el frenesí del hacer, del producir, y nos olvidamos de la dimensión de la gratuidad, del ocuparse, del hacerse cargo del otro. En el fondo, detrás de esta actitud hay con frecuencia una fe tibia, que ha olvidado aquella palabra del Señor, que dice: «A mí me lo hicisteis» (*Mt* 25, 40).

Mensaje para la Jornada del Enfermo, 2015

¿Quieres parecerte a Dios o a los ídolos «que no hablan»?

El Salmo 115, dice así:

«Plata y oro son sus ídolos, obra de mano de hombre. Tienen boca y no hablan, tienen ojos y no ven, tienen oídos y no oyen, tienen nariz y no huelen. Tienen manos y no palpan, tienen pies y no caminan; ni un solo susurro en su garganta. Como ellos serán los que los hacen, cuántos en ellos ponen su confianza» (vv. 4-8).

El salmista nos presenta, de forma un poco irónica, la realidad absolutamente efímera de estos ídolos. Y tenemos que entender que no se trata sólo de representaciones hechas de metal o de otro material, sino también de esas construidas con nuestra mente, cuando nos fiamos de realidades limitadas que transformamos en absolutas, o cuando reducimos a Dios a nuestros esquemas y a nuestras ideas de divinidad; un dios que se nos parece, comprensible, previsible, precisamente como los ídolos de los que habla el Salmo. El hombre, imagen de Dios, se fabrica un dios a su propia imagen, y es también una imagen mal conseguida: no siente, no actúa, y sobre todo no puede hablar. Pero, nosotros estamos más contentos de ir a los ídolos que ir al Señor.

El mensaje del Salmo es muy claro: si se pone la esperanza en los ídolos, te haces como ellos: imágenes vacías con manos que no tocan, pies que no caminan, bocas que no pueden hablar. No se tiene nada más que decir, se convierte en incapaz de ayudar, cambiar las cosas, incapaz de sonreír, de darse, incapaz de amar. Y también nosotros, hombres de Iglesia, corremos el riesgo cuando nos «mundanizamos». Es necesario permanecer en el mundo pero defenderse de las ilusiones del mundo, que son estos ídolos que he mencionado.

Ésta es la estupenda realidad de la esperanza: confiando en el Señor nos hacemos como Él.

Audiencia general, 11 de enero de 2017

Nuestras obsesiones

Nosotros nos alejamos del amor de Dios cuando vamos hacia la búsqueda obsesiva de los bienes terrenos y de las riquezas, manifestando así un amor exagerado a estas realidades.

Jesús nos dice que esta búsqueda frenética es una ilusión y motivo de infelicidad. Y da a sus discípulos una regla de vida fundamental: «Buscad primero su Reino» (*Mt* 6, 33). Se trata de realizar el proyecto que Jesús ha anunciado en el Discurso de la Montaña, fiándose de Dios que no decepciona —muchos amigos, o muchos que nosotros creíamos amigos, nos han decepcionado; ¡Dios nunca decepciona!—; trabajar como administradores fieles de los bienes que Él nos ha dado, también esos terrenos, pero sin «sobreactuar» como si todo, también nuestra salvación, dependiera sólo de nosotros. Esta actitud evangélica requiere una elección clara, que el pasaje de hoy indica con precisión: «No podéis servir a Dios y al dinero» (v. 24). O el Señor, o los ídolos fascinantes pero ilusorios. Esta elección a la que estamos llamados a realizar repercute después en muchos de nuestros actos, programas y compromisos. Es una elección para hacer de forma neta y que hay que renovar continuamente, porque las tentaciones de reducir todo a dinero, placer y poder son apremiantes. Hay muchas tentaciones para esto.

Ángelus, 26 de febrero de 2017

¿Eres más importante tú o lo es tu belleza?

A la esperanza en un Señor de la vida que con su Palabra ha creado el mundo y conduce nuestras existencias, se contrapone la confianza en ídolos mudos. Las ideologías con sus afirmaciones de absoluto, las riquezas —y esto es un gran ídolo—, el poder y el éxito, la vanidad, con su ilusión de eternidad y de omnipotencias, valores como la belleza física y la salud, cuando se convierten en ídolos a los que sacrificar cualquier cosa, son todo realidades que confunden la mente y el corazón, y en vez de favorecer la vida conducen a la muerte. Es feo escuchar y duele en el alma eso que una vez, hace años, escuché, en la diócesis de Buenos Aires: una mujer buena, muy guapa, presumía de belleza, comentaba, como si fuera natural: «Eh sí, he tenido que abortar porque mi figura es muy importante».

172

Éstos son los ídolos, y te llevan por el camino equivocado y no te dan felicidad.

Audiencia general, 11 de enero de 2017

No confíes en la seguridad que te ofrecen los adivinos

Una vez, en Buenos Aires, tenía que ir de una iglesia a otra, mil metros, más o menos. Y lo hice, caminando. Había un parque en medio, y en el parque había pequeñas mesas, pero muchas, muchas, donde estaban sentados los videntes. Estaba lleno de gente, que también hacía cola. Tú le dabas la mano y él empezaba, pero el discurso era siempre el mismo: hay una mujer en tu vida, hay una sombra que viene, pero todo irá bien... Y después pagabas. ¿Y esto te da seguridad? Es la seguridad de una —permítanme la palabra— de una estupidez. Ir al vidente o a la vidente que leen las cartas: ¡esto es un ídolo! Esto es un ídolo, y cuando nosotros estamos muy apegados: compramos falsas esperanzas.

Audiencia general, 11 de enero de 2017

Quien es corrupto, no es feliz hoy ni lo será en el futuro

Pienso en las personas que tienen responsabilidad sobre otros y se dejan corromper. ¿Piensan que una persona corrupta será feliz en el más allá? No, todo el fruto de su

173

corrupción corrompió su corazón y será difícil ir al Señor. Pienso en quienes viven de la trata de personas y del trabajo esclavo. ¿Piensan que esta gente que trafica personas, que explota a las personas con el trabajo esclavo tiene en el corazón el amor de Dios? No, no tienen temor de Dios y no son felices. No lo son. Pienso en quienes fabrican armas para fomentar las guerras; pero piensen qué oficio es éste. Estoy seguro de que si hago ahora la pregunta: ¿cuántos de ustedes son fabricantes de armas? Ninguno, ninguno. Estos fabricantes de armas no vienen a escuchar la Palabra de Dios. Estos fabrican la muerte, son mercaderes de muerte y producen mercancía de muerte. Que el temor de Dios les haga comprender que un día todo acaba y que deberán rendir cuentas a Dios.

Audiencia general, 11 de junio de 2014

Él lo sabe mejor que nosotros...

Nosotros pedimos al Señor vida, salud, afectos, felicidad; y es justo hacerlo, pero en la conciencia de que Dios sabe sacar vida incluso de la muerte, que se puede experimentar la paz también en la enfermedad, y que puede haber serenidad también en la soledad y felicidad también en el llanto. No somos nosotros los que podemos enseñar a Dios lo que debe hacer, es decir, lo que necesitamos. Él lo sabe mejor que nosotros, y tenemos que fiarnos, porque sus caminos y sus pensamientos son muy diferentes a los nuestros.

Audiencia general, 25 de enero de 2017

La levadura madre y el Evangelio enmohecido

Cuando no había frigoríficos para conservar la levadura madre del pan se regalaba a la vecina un poco de la propia masa de la levadura, y cuando tenían que hacer de nuevo el pan recibían un puñado de la masa de la levadura de esa mujer o de otra que la había recibido a su vez. Es la reciprocidad. La comunión no es sólo división sino también multiplicación de los bienes, creación de nuevo pan, de nuevos bienes, de nuevo Bien con mayúscula. El principio del Evangelio permanece activo sólo si lo regalamos, porque es amor, y el amor es activo cuando amamos, no cuando escribimos novelas o cuando vemos telenovelas. Sin embargo, si lo tenemos celosamente todo y sólo para nosotros, se enmohece y muere. Y el Evangelio puede enmohecerse. La economía de comunión tendrá futuro si la regalas a todos y no permanece sólo dentro de tu «casa». ¡Regálala a todos, y primero a los pobres y a los jóvenes, que son los que más la necesitan y saben hacer fructificar el don recibido! Para tener vida en abundancia es necesario aprender a regalar: no sólo los beneficios de las empresas, sino ustedes mismos. El primer regalo del empresario es la propia persona: su dinero, aunque también importante, es demasiado poco.

Discurso, 4 de febrero de 2017

Sé misionero de la alegría también en los tiempos difíciles

También san Pablo, en los Tesalonicences, indica las condiciones para ser «misioneros de la alegría»: rezar con perseverancia, dar siempre gracias a Dios, cooperando con su Espíritu, buscar el bien y evitar el mal. Si éste será nuestro estilo de vida, entonces la Buena Noticia podrá entrar en muchas casas y ayudar a las personas y a las familias a redescubrir que en Jesús está la salvación. En Él es posible encontrar la paz interior y la fuerza para afrontar cada día las diversas situaciones de la vida, incluso las más pesadas y difíciles. Nunca se escuchó hablar de un santo triste o de una santa con rostro fúnebre. Nunca se oyó decir esto. Sería un contrasentido. El cristiano es una persona que tiene el corazón lleno de paz porque sabe centrar su alegría en el Señor, incluso cuando atraviesa momentos difíciles de la vida. Tener fe no significa no tener momentos difíciles, sino tener la fuerza de afrontarlos sabiendo que no estamos solos. Y ésta es la paz que Dios da a sus hijos.

Ángelus, 14 de diciembre de 2014

DE LOS ERRORES AL PERDÓN

Es bueno el diálogo con los propios errores,
porque ellos te enseñan.

31 de marzo de 2014

¿Cómo quieres ser salvado?

¿Cómo quiero yo ser salvado? ¿A mi modo? ¿Al modo de una espiritualidad, que es buena, que me hace bien, pero está fija, lo tiene todo claro y no hay riesgo? ¿O al modo divino, es decir, siguiendo el camino de Jesús, que siempre nos sorprende, que siempre nos abre las puertas al misterio de la omnipotencia de Dios, que es la misericordia y el perdón?

Homilía en Santa Marta, 3 de octubre de 2014

De mis errores, aprendo

Me he equivocado, me equivoco... Se dice en la Biblia, en el libro de la Sabiduría, que el hombre justo se equivoca siete veces al día... Para decir que todos nos equivocamos... Se dice que el hombre es el único animal que tropieza dos veces con la misma piedra, porque no aprende enseguida de sus errores. Uno puede decir: «Yo no me he equivocado», pero no mejora; esto te lleva a la vanidad, a la soberbia, al orgullo... Pienso que los errores en mi vida han sido y son grandes maestros de vida. Grandes maestros: te enseñan mucho. También te humillan, porque uno puede sentirse un superhombre, una supermujer, y después te equivocas, y esto te humilla y te pone en tu lugar. No diría que he aprendido de todos mis errores; no, creo que de algunos no he aprendido, porque soy obstinado, y no es fácil aprender. Pero he aprendido de muchos errores, y esto me ha hecho bien. Y también reconocer los errores es importante: me he equivocado aquí, me he equivocado allá, me equivoco aquí... Y también hay que estar atento, para no caer en el mismo error, en el mismo pozo...

Encuentro con los jóvenes,
31 de marzo de 2014

Jesús perdona con una caricia

Dios perdona no con un decreto, sino con una caricia. Jesús va incluso más allá de la ley y perdona acariciando las heridas de nuestros pecados. ¡Cuántos de nosotros tal vez mereceríamos una condena! Y sería incluso justa. Pero Él perdona. ¿Cómo? Con esta misericordia que no borra el pecado: es el perdón de Dios el que lo borra, mientras que la misericordia va más allá.

Es como el cielo: nosotros miramos al cielo, vemos muchas estrellas, pero cuando sale el sol por la mañana, con mucha luz, las estrellas no se ven. Y así es la misericordia de Dios: una gran luz de amor, de ternura.

Dios perdona no con un decreto, sino con una caricia; acariciando nuestras heridas de pecado porque Él está implicado en el perdón, está involucrado en nuestra salvación.

Jesús hace de confesor. No humilla a la mujer adúltera, no le dice: ¡qué hiciste, cuándo lo hiciste, cómo lo hiciste y con quién lo hiciste! Le dice que se vaya y no peque más: es grande la misericordia de Dios; es grande la misericordia de Jesús: perdonarnos acariciándonos.

Homilía en Santa Marta, 7 de abril de 2014

La fe no hace desaparecer el mal, sino que ofrece una llave para el bien

La enfermedad, sobre todo cuando es grave, pone siempre en crisis la existencia humana y nos plantea grandes interrogantes. La primera reacción puede ser de rebeldía: ¿por qué me ha sucedido precisamente a mí? Podemos sentirnos desesperados, pensar que todo está perdido y que ya nada tiene sentido...

En esta situación, por una parte, la fe en Dios se pone a prueba, pero al mismo tiempo revela toda su fuerza positiva. No porque la fe haga desaparecer la enfermedad, el dolor o los interrogantes que plantea, sino porque nos ofrece una clave con la que podemos descubrir el sentido más profundo de lo que estamos viviendo; una clave que nos ayuda a ver cómo la enfermedad puede ser la vía que nos lleva a una cercanía más estrecha con Jesús, que camina a nuestro lado cargado con la cruz.

Mensaje para la Jornada del Enfermo, 2016

Alegría para la adúltera y la pecadora

Cuánta alegría ha brotado en el corazón de estas dos mujeres, la adúltera y la pecadora. El perdón ha hecho que se sintieran al fin más libres y felices que nunca. Las lágrimas de vergüenza y de dolor se han transformado en la sonrisa de quien se sabe amado. La misericordia suscita *alegría* porque el corazón se abre a la esperanza de una vida nueva. La alegría del perdón es difícil de expresar, pero se trasparenta en nosotros cada vez que la experimentamos. En su origen está el amor con el cual Dios viene a nuestro encuentro, rompiendo el círculo del egoísmo que nos envuelve, para hacernos también a nosotros instrumentos de misericordia.

Misericordia et misera, 3

¡Levántate, ánimo!

Así dijo Isaías, profetizando esta alegría de hoy en Jerusalén: «Levántate, cúbrete de luz». Al comienzo de cada día podemos aceptar esta invitación: levántate, ilumínate, sigue hoy, entre las muchas estrellas fugaces del mundo, ¡a la brillante estrella de Jesús! Siguiéndola, tendremos la Alegría, como les sucedió a los Reyes Magos, que «al ver la estrella, sintieron una gran alegría» (*Mt* 2, 10); porque donde hay Dios, hay alegría. Aquellos que conocieron a Jesús experimentaron el milagro de la luz que destruye la oscuridad y conoce esta luz que se ilumina y se eleva. Me gustaría, con mucho respeto, invitar a todos a no tener miedo de esta luz y abrirse al Señor. Sobre todo, me gustaría decir a quien ha perdido la fuerza para buscar, está cansado, y a quien, abrumado por la oscuridad de la vida, ha apagado el deseo: levántate, ánimo, la luz de Jesús sabe cómo superar la oscuridad más oscura; ¡levántate, atrévete!

Ángelus, 6 de enero de 2017

Mejor rojo que amarillo

Se puede sentir vergüenza al decir los pecados, pero nuestras madres y nuestras abuelas decían que es mejor ponerse rojo una vez, que no amarillo mil veces. Nos ponemos rojos una vez, pero se nos perdonan los pecados y se sigue adelante.

Audiencia general, 20 de noviembre de 2013

¿Cuándo llora Jesús?

Jesús, cuando ve este drama de la resistencia, incluso cuando ve la nuestra, llora. Lloró ante la tumba de Lázaro, lloró contemplando a Jerusalén, y dijo: «Tú que matas a los profetas y apedreas a quienes te han sido enviados,

¿cuántas veces intenté reunir a tus hijos como la gallina reúne a sus polluelos bajo las alas?». Y también llora ante este drama de no aceptar su salvación, como la quiere el Padre.

Homilía en Santa Marta, 3 de octubre de 2014

Todos nos equivocamos, todos podemos cambiar

Todos tenemos la posibilidad de equivocarnos: todos. De una manera u otra, nos hemos equivocado. Y la hipocresía hace que no se piense en la posibilidad de cambiar de vida, hay poca confianza en la rehabilitación, en la reinserción en la sociedad. Pero de este modo se olvida que todos somos pecadores y, muchas veces, somos prisioneros sin darnos cuenta. Cuando se permanece encerrado en los propios prejuicios, o se es esclavo de los ídolos de un falso bienestar, cuando uno se mueve dentro de esquemas ideológicos o absolutiza leyes de mercado que aplastan a las personas, en realidad no se hace otra cosa que estar entre las estrechas paredes de la celda del individualismo y de la autosuficiencia, privados de la verdad que genera la libertad. Y señalar con el dedo a quien se ha equivocado no puede ser una excusa para esconder las propias contradicciones.

Sabemos que ante Dios nadie puede considerarse justo (*cf. Rm* 2, 1-11). Pero nadie puede vivir sin la certeza de encontrar el perdón.

Homilía, 6 de noviembre de 2016

No camines en las tinieblas de quien se miente a sí mismo

¿Qué significa caminar en las tinieblas? Porque todos nosotros tenemos tinieblas en nuestra vida, y también momentos en los que todo, también en nuestra conciencia, es oscuro, ¿no? Caminar en las tinieblas significa estar satisfecho de uno mismo; estar convencido de no tener la necesidad de la salvación. ¡Ésas son las tinieblas! Y cuando uno sigue adelante por su camino de tinieblas, no es fácil dar un paso atrás. Por eso Juan (*cf.* 1 *Jn* 1, 5-2, 2) indica, quizá esta manera de pensar lo hace reflexionar: «si decimos estar sin pecado, nos engañamos a nosotros mismos y la verdad no está en nosotros». Miren sus pecados, nuestros pecados: todos somos pecadores, todos. Éste es el punto de partida.

Pero si confesamos nuestros pecados Él es fiel, es justo al perdonarnos los pecados y purificarnos de toda iniquidad... cuando el Señor nos perdona, hace justicia. Sí, se hace justicia primero a sí mismo, porque Él ha venido a salvarnos y cuando nos perdona se hace justicia a sí mismo. «Soy tu salvador» y nos acoge...

«Como es tierno un padre con los hijos, así el Señor es tierno con aquellos que le temen» (*cf. Sal* 102), con aquellos que van hacia Él. La ternura del Señor. Nos entiende siempre, pero también no nos deja hablar: Él sabe todo. «Queda tranquilo, ve en paz», esa paz que sólo Él da.

Homilía en Santa Marta, 29 de abril de 2013

El verdadero campo de batalla es tu corazón

También Jesús vivió en tiempos de violencia. Él enseñó que el verdadero campo de batalla, en el que se enfrentan la violencia y la paz, es el corazón humano: «Porque de dentro, del corazón del hombre, salen los pensamientos perversos» (*Mc* 7, 21). Pero el mensaje de Cristo, ante esta realidad, ofrece una respuesta radicalmente positiva: él predicó incansablemente el amor incondicional de Dios que acoge y perdona, y enseñó a sus discípulos a amar a los enemigos (*cf. Mt* 5, 44) y a poner la otra mejilla (*cf. Mt* 5, 39). Cuando impidió que la adúltera fuera lapidada por sus acusadores (*cf. Jn* 8, 1-11) y cuando, la noche antes de morir, dijo a Pedro que envainara la espada (*cf. Mt* 26, 52), Jesús trazó el camino de la no violencia, que siguió hasta el final, hasta la cruz, mediante la cual construyó la paz y destruyó la enemistad (*cf. Ef* 2, 14-16). Por esto, quien acoge la Buena Noticia de Jesús, reconoce su propia violencia y se deja curar por la misericordia de Dios, convirtiéndose a su vez en instrumento de reconciliación, según la exhortación de san Francisco de Asís: «Que la paz que anunciáis de palabra la tengáis, y en mayor medida, en vuestros corazones».

Mensaje para la Jornada de la Paz, 2017

El agua estancada se pudre

Todos sabemos que cuando el agua se estanca se pudre. Hay un dicho en español que dice: «El agua estancada es la primera en corromperse». No permanecer estancados. Debemos caminar, dar un paso cada día, con la ayuda del Señor. Dios es Padre, es misericordia, nos ama siempre. Si nosotros lo buscamos, Él nos acoge y nos perdona. Como dije, no se cansa de perdonar. Es el lema de esta visita: «Dios no se cansa de perdonar». Nos hace levantar de nuevo y nos restituye plenamente nuestra dignidad. Dios tiene memoria, no es un desmemoriado. Dios no se olvida de nosotros, se acuerda siempre. Hay un pasaje de la Biblia, del profeta Isaías, que dice: Si incluso una madre se olvidara de su hijo —y es imposible— yo no te olvidaré jamás (*cf. Is* 49, 15). Y esto es verdad: Dios piensa en mí, Dios se acuerda de mí. Yo estoy en la memoria de Dios.

Discurso, 5 de julio de 2014

La infelicidad de los vengativos

Si nosotros vivimos según la ley «ojo por ojo, diente por diente», nunca saldremos de la espiral del mal. El Maligno es listo, y nos hace creer que con nuestra justicia humana podemos salvarnos y salvar al mundo. En realidad, sólo la justicia de Dios nos puede salvar. Y la justicia de Dios se ha revelado en la Cruz: la Cruz es el juicio de Dios sobre todos nosotros y sobre este mundo. ¿Pero cómo nos juzga Dios? ¡Dando la vida por nosotros! He aquí el acto supremo de justicia que ha vencido de una vez por todas al Príncipe de este mundo; y este acto supremo de justicia es precisamente también el acto supremo de misericordia. Jesús nos llama a todos a seguir este camino: «Sed misericordiosos, como vuestro Padre es misericordioso» (*Lc* 6, 36). Os pido algo, ahora. En silencio, todos, pensemos... que cada uno piense en una persona con la que no estamos bien, con la que estamos enfadados, a la que no queremos. Pensemos en esa persona y en silencio, en este momento, oremos por esta persona y seamos misericordiosos con esta persona.

Ángelus, 15 de septiembre de 2013

También el enemigo es una persona humana

«Amad a vuestros enemigos y rogad por los que os persiguen» (*Mt* 6, 44). Y esto no es fácil. Esta palabra no debe ser entendida como aprobación del mal realizado por el enemigo, sino como invitación a una perspectiva superior, a una perspectiva magnánima, parecida a la del Padre celeste, el cual —dice Jesús— «hace surgir su sol sobre malos y buenos, y llover sobre justos e injustos» (v. 45). También el enemigo, de hecho, es una persona humana, creada como tal a imagen de Dios, si bien en el presente esta imagen se ve ofuscada por una conducta indigna.

Cuando hablamos de «enemigos» no tenemos que pensar en quién sabe qué personas diferentes y alejadas de nosotros; hablamos también de nosotros mismos, que podemos entrar en conflicto con nuestro prójimo, a veces con nuestros familiares. ¡Cuántas enemistades en las familias, cuántas! Pensemos esto. Enemigos son también aquellos que hablan mal de nosotros, que nos calumnian y nos tratan injustamente. Y no es fácil digerir esto. A todos ellos estamos llamados a responder con el bien, que también tiene sus estrategias, inspiradas en el amor.

Ángelus, 19 de febrero de 2017

¡Anímate, entra por su puerta estrecha!

Anímate, ten valor para entrar por su puerta. Todos están invitados a cruzar esta puerta, a atravesar la puerta de la fe, a entrar en su vida, y a hacerle entrar en nuestra vida, para que Él la transforme, la renueve, le dé alegría plena y duradera.

En la actualidad pasamos ante muchas puertas que invitan a entrar prometiendo una felicidad que luego nos damos cuenta de que dura sólo un instante, que se agota en sí misma y no tiene futuro. Pero yo les pregunto: nosotros, ¿por qué puerta queremos entrar? Y, ¿a quién queremos hacer entrar por la puerta de nuestra vida? Quisiera decir con fuerza: no tengamos miedo de cruzar la puerta de la fe en Jesús, de dejarle entrar cada vez más en nuestra vida, de salir de nuestros egoísmos, de nuestras cerrazones, de nuestras indiferencias hacia los demás. Porque Jesús ilumina nuestra vida con una luz que no se apaga más. No es un fuego de artificio, ¡no es un flash! No, es una luz serena que dura siempre y nos da paz. Así es la luz que encontramos si entramos por la puerta de Jesús. Cierto, la puerta de Jesús es una puerta estrecha, no por ser una sala de tortura. ¡No, no es por eso! Sino porque nos pide abrir nuestro corazón a Él, reconocernos pecadores, necesitados de su salvación, de su perdón, de su amor, de tener la humildad de acoger su misericordia y dejarnos renovar por Él.

Ángelus, 25 de agosto de 2013

No reproches al otro, muéstrale que vale

A veces nosotros buscamos corregir o convertir a un pecador riñendo, reprochando sus errores y su comportamiento injusto. La actitud de Jesús con Zaqueo nos indica otro camino: el de mostrar a quien se equivoca su valor, ese valor que Dios sigue viendo a pesar de todo, a pesar de todos sus errores. Esto puede provocar una sorpresa positiva, que causa ternura en el corazón e impulsa a la persona a sacar hacia afuera todo lo bueno que tiene en sí mismo. El gesto de dar confianza a las personas es lo que las hace crecer y cambiar. Así se comporta Dios con todos nosotros: no lo detiene nuestro pecado, sino que lo supera con el amor y nos hace sentir la nostalgia del bien. Todos hemos sentido esta nostalgia del bien después de haber cometido un error. Y así lo hace nuestro Padre Dios, así lo hace Jesús. No existe una persona que no tenga algo bueno. Y esto es lo que mira Dios para sacarla del mal.

Ángelus, 30 de octubre de 2016

Cada uno de nosotros lleva la riqueza y el peso de su propia historia

No podemos olvidar que cada uno lleva consigo el peso de la propia historia que lo distingue de cualquier otra persona. Nuestra vida, con sus alegrías y dolores, es algo único e irrepetible, que se desenvuelve bajo la mirada misericordiosa de Dios. Esto exige, sobre todo de parte del sacerdote, un discernimiento espiritual atento, profundo y prudente para que cada uno, sin excluir a nadie, sin importar la situación que viva, pueda sentirse acogido concretamente por Dios, participar activamente en la vida de la comunidad y ser admitido en ese Pueblo de Dios que, sin descanso, camina hacia la plenitud del Reino de Dios, reino de justicia, de amor, de perdón y de misericordia.

Misericordia et misera, 14

¿Cómo ves el camino de tu salvación?

«¿Cómo pienso que es el camino de mi salvación? ¿El de Jesús u otro? ¿Soy libre de aceptar la salvación o confundo libertad con autonomía, y quiero mi salvación, la que yo creo que es justa? ¿Creo que Jesús es el maestro que enseña la salvación, o voy por doquier siguiendo a gurús que me enseñan otra? ¿Un camino más seguro, o me refugio bajo el techo de las reglas y de los tantos preceptos dados por los hombres? ¿Y así me siento seguro, y con esta seguridad —es algo duro decir esto— compro mi salvación, que Jesús da gratuitamente, con la gratuidad de Dios?».

Homilía en Santa Marta, 3 de octubre de 2014

¡Sé valiente, ve a la Confesión!

Incluso la vergüenza es buena, es signo de salud tener un poco de vergüenza, porque avergonzarse es saludable. Cuando una persona no tiene vergüenza, en mi país decimos que es un «sinvergüenza». Pero incluso la vergüenza hace bien, porque nos hace humildes, y el sacerdote recibe con amor y con ternura esta confesión, y en nombre de Dios perdona. También desde el punto de vista humano, para desahogarse, es bueno hablar con el hermano y decir al sacerdote estas cosas, que tanto pesan a mi corazón. Y uno siente que se desahoga ante Dios, con la Iglesia, con el hermano. No tener miedo de la Confesión. Uno, cuando está en la fila para confesarse, siente todas estas cosas, incluso la vergüenza, pero después, cuando termina la Confesión, sale libre, grande, hermoso, perdonado, blanco, feliz. ¡Esto es lo hermoso de la Confesión! Quisiera preguntarles —pero no lo digan en voz alta, que cada uno responda en su corazón—: ¿cuándo fue la última vez que te confesaste? Cada uno piense en ello... ¿Son dos días, dos semanas, dos años, veinte años, cuarenta años? Cada uno haga cuentas, pero que cada uno se pregunte: ¿cuándo fue la última vez que me confesé? Y si pasó mucho tiempo, no pierdas un día más, ve, que el sacerdote será bueno. Jesús está allí, y Jesús es más bueno que los sacerdotes, Jesús te recibe, te recibe con mucho amor. Sé valiente y ve a la Confesión.

Audiencia general, 19 febrero de 2014

El rebaño y el lobo

Jesús sale de un juicio injusto, de un interrogatorio cruel y mira a los ojos de Pedro, y Pedro llora. Nosotros pedimos que nos mire, que nos dejemos mirar, que lloremos, y que nos dé la gracia de la vergüenza para que, como Pedro, cuarenta días después podamos responderle: «Tú sabes que te amamos» y escuchar su voz «Vuelve por tu camino y apacienta a mis ovejas», y añado «y no permitas que ningún lobo se meta en el rebaño».

Homilía en Santa Marta, 7 de julio de 2014

CIEN VECES ETERNO

*El cristiano no pierde nunca la paz,
cuando es un verdadero cristiano.*

14 de diciembre de 2014

Tengo miedo de verla venir...

Cada vez que nos encontramos frente a nuestra muerte, o a la de un ser querido, sentimos que nuestra fe es probada. Surgen todas nuestras dudas, toda nuestra fragilidad, y nos preguntamos: «¿Pero realmente habrá vida después de la muerte...? ¿Podré todavía ver y abrazar a las personas que he amado...?». Esta pregunta me la hizo una señora hace pocos días en una audiencia, manifestado una duda: «¿Me encontraré con los míos?». También nosotros, en el contexto actual, necesitamos volver a la raíz y a los fundamentos de nuestra fe, para tomar conciencia de lo que Dios ha obrado por nosotros en Jesucristo y qué significa nuestra muerte. Todos tenemos un poco de miedo por esta incertidumbre de la muerte. Me viene a la memoria un viejecito, un anciano, bueno, que decía: «Yo no tengo miedo de la muerte. Tengo un poco de miedo de verla venir». Tenía miedo de esto.

Audiencia general, 1 de febrero de 2017

Somos herederos de grandes sueños

El canto de Simeón es el canto del hombre creyente que, al final de sus días, es capaz de afirmar: Es cierto, la esperanza en Dios nunca decepciona (*cf. Rm* 5, 5), él no defrauda. Simeón y Ana, en la vejez, son capaces de una nueva fecundidad, y lo testimonian cantando: la vida vale la pena vivirla con esperanza porque el Señor mantiene su promesa; y, más tarde, será el mismo Jesús quien explicará esta promesa en la Sinagoga de Nazaret: los enfermos, los detenidos, los que están solos, los pobres, los ancianos, los pecadores también están invitados a entonar el mismo canto de esperanza. Jesús está con ellos, él está con nosotros (*cf. Lc* 4, 18-19).

Este canto de esperanza lo hemos heredado de nuestros mayores. Ellos nos han introducido en esta «dinámica». En sus rostros, en sus vidas, en su entrega cotidiana y constante pudimos ver cómo esta alabanza se hizo carne. Somos herederos de los sueños de nuestros mayores, herederos de la esperanza que no desilusionó a nuestras madres y padres fundadores, a nuestros hermanos mayores. Somos herederos de nuestros ancianos que se animaron a soñar; y, al igual que ellos, también nosotros queremos cantar hoy: Dios no defrauda, la esperanza en él no desilusiona. Dios viene al encuentro de su pueblo.

Homilía, 2 de febrero de 2017

El reto del último pasaje

El momento de la muerte reviste una importancia particular. La Iglesia siempre ha vivido este dramático tránsito a la luz de la resurrección de Jesucristo, que ha abierto el camino de la certeza en la vida futura. Tenemos un gran reto que afrontar, sobre todo en la cultura contemporánea que, a menudo, tiende a banalizar la muerte hasta el punto de esconderla o considerarla una simple ficción. La muerte, en cambio, se ha de afrontar y preparar como un paso doloroso e ineludible, pero lleno de sentido: como el acto de amor extremo hacia las personas que dejamos y hacia Dios, a cuyo encuentro nos dirigimos. En todas las religiones el momento de la muerte, así como el del nacimiento, está acompañado de una presencia religiosa. Nosotros vivimos la experiencia de las *exequias* como una plegaria llena de esperanza por el alma del difunto y como una ocasión para ofrecer consuelo a cuantos sufren por la ausencia de la persona amada.

Misericordia et misera, 15

Todos tendremos un atardecer. ¿Cómo será el tuyo?

La esperanza es un poco como la levadura, que ensancha el alma; hay momentos difíciles en la vida, pero con la esperanza el alma sigue adelante y mira a lo que nos espera. Hoy es un día de esperanza. Nuestros hermanos y hermanas están en la presencia de Dios y también nosotros estaremos allí, por pura gracia del Señor, si caminamos por la senda de Jesús. Concluye el apóstol Juan: «Todo el que tiene esta esperanza en Él se purifica a sí mismo» (1 *Jn* 3). También la esperanza nos purifica, nos aligera; esta purificación en la esperanza en Jesucristo nos hace ir de prisa, con prontitud. En este pre-atardecer de hoy, cada uno de nosotros puede pensar en el ocaso de su vida: «¿Cómo será mi ocaso?». Todos nosotros tendremos un ocaso, todos. ¿Lo miro con esperanza? ¿Lo miro con la alegría de ser acogido por el Señor? Esto es un pensamiento cristiano, que nos da paz. Hoy es un día de alegría, pero de una alegría serena, tranquila, de la alegría de la paz. Pensemos en el ocaso de tantos hermanos y hermanas que nos precedieron, pensemos en nuestro ocaso, cuándo llegará. Y pensemos en nuestro corazón y preguntémonos: «¿Dónde está anclado mi corazón?». Si no estuviese bien anclado, anclémoslo allá, en esa orilla, sabiendo que la esperanza no defrauda porque el Señor Jesús no decepciona.

Homilía, 1 de noviembre de 2013

¡Atención! En la eternidad no llevarás poder, ni orgullo

Cuando una persona vive en el mal, cuando blasfema contra Dios, cuando explota a los demás, cuando los tiraniza, cuando vive sólo para el dinero, para la vanidad, o el poder, o el orgullo, entonces el santo temor de Dios nos pone en alerta: ¡atención! Con todo este poder, con todo este dinero, con todo tu orgullo, con toda tu vanidad, no serás feliz. Nadie puede llevar consigo al más allá ni el dinero, ni el poder, ni la vanidad, ni el orgullo. ¡Nada! Sólo podemos llevar el amor que Dios Padre nos da, las caricias de Dios, aceptadas y recibidas por nosotros con amor. Y podemos llevar lo que hemos hecho por los demás. Atención en no poner la esperanza en el dinero, en el orgullo, en el poder, en la vanidad, porque todo esto no puede prometernos nada bueno.

Audiencia general, 11 de junio de 2014

Vanidad de vanidades

«¡Vanidad de vanidades; todo es vanidad!» (*Ec*. 1, 2). Los jóvenes son particularmente sensibles al vacío de significado y de valores que a menudo les rodea. Y lamentablemente pagan las consecuencias. En cambio, el encuentro con Jesús vivo, en su gran familia que es la Iglesia, colma el corazón de alegría, porque lo llena de vida auténtica, de un bien profundo, que no pasa y no se marchita: lo hemos visto en los rostros de los jóvenes en Río. Pero esta experiencia debe afrontar la vanidad cotidiana, el veneno del vacío que se insinúa en nuestras sociedades basadas en la ganancia y en el tener, que engaña a los jóvenes con el consumismo. El Evangelio de este domingo nos alerta precisamente sobre la absurdidad de fundar la propia felicidad en el tener. El rico se dice a sí mismo: Alma mía, tienes a disposición muchos bienes... descansa, come, bebe y diviértete. Pero Dios le dice: Necio, esta noche te van a reclamar la vida. Y lo que has acumulado, ¿de quién será? (*cf. Lc* 12, 19-20).

Queridos hermanos y hermanas, la verdadera riqueza es el amor de Dios compartido con los hermanos. Ese amor que viene de Dios y que hace que lo compartamos entre nosotros y nos ayudemos. Quien experimenta esto no teme la muerte, y recibe la paz del corazón.

Ángelus, 4 de agosto de 2013

¿Qué es el Reino de los cielos?

¿Pero qué es este Reino de Dios, Reino de los cielos? Son sinónimos. Nosotros pensamos enseguida en algo que se refiere al más allá: la vida eterna. Cierto, esto es verdad, el Reino de Dios se extenderá sin fin más allá de la vida terrena, pero la Buena Noticia que Jesús nos trae —y que Juan anticipa— es que el Reino de Dios no tenemos que esperarlo en el futuro: se ha acercado, de alguna manera está ya presente y podemos experimentar desde ahora el poder espiritual. Dios viene a establecer su señorío en la historia, en nuestra vida de cada día; y allí donde ésta viene acogida con fe y humildad brotan el amor, la alegría y la paz.

Ángelus, 4 de diciembre de 2016

Seremos parecidos a los ángeles

En este mundo vivimos de realidades provisionales, que terminan; en cambio, en el más allá, después de la resurrección, ya no tendremos la muerte como horizonte y viviremos todo, también las relaciones humanas, en la dimensión de Dios, de manera transfigurada. También el matrimonio, signo e instrumento del amor de Dios en este mundo, resplandecerá transformado en luz plena en la comunión gloriosa de los santos en el Paraíso.

Los «hijos del cielo y de la resurrección» no son unos pocos privilegiados, sino que son todos los hombres y todas las mujeres, porque la salvación traída por Jesús es para cada uno de nosotros. Y la vida de los resucitados será parecida a la de los ángeles (*cf. Lc* 20, 36), es decir, toda inmersa en la luz de Dios, toda dedicada a su alabanza, en una eternidad llena de alegría y de paz. ¡Pero cuidado! La resurrección no es sólo el hecho de resurgir después de la muerte, sino que es una nueva clase de vida que ya experimentamos hoy; es la victoria sobre la nada que ya podemos pregustar. ¡La resurrección es el fundamento de la fe y de la esperanza cristiana!

Ángelus, 6 de noviembre de 2016

Tu plenitud será en Dios mismo

Job estaba en la oscuridad. Estaba precisamente en la puerta de la muerte. Y en ese momento de angustia, de dolor y de sufrimiento, Job proclama la esperanza. «Yo sé que mi redentor está vivo y que él, el último, se levantará sobre el polvo... Yo, sí, yo mismo lo veré, mis ojos le mirarán, no ningún otro» (*Jb* 19, 25.27)... Un cementerio es triste, nos recuerda a nuestros seres queridos que se han marchado, nos recuerda también el futuro, la muerte; pero en esta tristeza, nosotros llevamos flores, como un signo de esperanza, puedo decir, también, de fiesta, pero más adelante, no ahora. Y la tristeza se mezcla con la esperanza. Y esto es lo que todos nosotros sentimos: la memoria de nuestros seres queridos, ante sus restos, y la esperanza.

Pero sentimos también que esta esperanza nos ayuda, porque también nosotros tenemos que recorrer este camino. Todos nosotros recorreremos este camino. Antes o después, pero todos. Con dolor, más o menos dolor, pero todos. Pero con la flor de la esperanza, con ese hilo fuerte que está anclado en el más allá. Es ésta, esta ancla no decepciona: la esperanza de la resurrección.

Y quien recorrió en primer lugar este camino es Jesús. Nosotros recorremos el camino que hizo Él... «Yo sé que mi Redentor está vivo, y que él, el último, se levantará sobre el polvo... Yo, sí, yo mismo lo veré, mis ojos lo mirarán, no ningún otro».

Homilía, 2 de noviembre de 2016

¡Sé santo, donde sea que estés!

Alguno piensa que la santidad es cerrar los ojos y poner cara de santito. ¡No! No es esto la santidad. La santidad es algo más grande, más profundo que nos da Dios. Es más, estamos llamados a ser santos precisamente viviendo con amor y ofreciendo el propio testimonio cristiano en las ocupaciones de cada día. Y cada uno en las condiciones y en el estado de vida en el que se encuentra.

¿Tú eres consagrado, eres consagrada?

Sé santo viviendo con alegría tu entrega y tu ministerio. ¿Estás casado?

Sé santo amando y ocupándote de tu marido o de tu esposa, como Cristo lo hizo con la Iglesia.

¿Eres un bautizado no casado?

Sé santo cumpliendo con honradez y competencia tu trabajo y ofreciendo el tiempo al servicio de los hermanos.

«Pero, padre, yo trabajo en una fábrica; yo trabajo como contable, siempre con los números, y allí no se puede ser santo...».

«Sí, se puede. Allí donde trabajas, tú puedes ser santo. Dios te da la gracia para llegar a ser santo. Dios se comunica contigo».

Siempre, en todo lugar se puede llegar a ser santo, es decir, podemos abrirnos a esta gracia que actúa dentro de nosotros y nos conduce a la santidad.

¿Eres padre o abuelo?

Sé santo enseñando con pasión a los hijos o a los nietos a conocer y a seguir a Jesús. Es necesaria mucha paciencia para esto, para ser un buen padre, un buen abuelo, una buena madre, una buena abuela; se necesita mucha paciencia y en esa paciencia está la santidad: ejercitando la paciencia.

¿Eres catequista, educador o voluntario?

Sé santo siendo signo visible del amor de Dios y de su presencia junto a nosotros. Es esto: cada estado de vida conduce a la santidad, ¡siempre! En tu casa, por la calle, en el trabajo, en la iglesia, en ese momento y en tu estado de vida se abrió el camino hacia la santidad. No se desalienten al ir por este camino. Es precisamente Dios quien nos da la gracia. Sólo esto pide el Señor: que estemos en comunión con Él y al servicio de los hermanos.

Audiencia general, 19 de noviembre de 2014

¿Quién no cree en la Resurrección?

Lamentablemente, a menudo se ha tratado de oscurecer la fe en la Resurrección de Jesús, y también entre los creyentes mismos se han insinuado dudas. En cierto modo una fe «al agua de rosas», como decimos nosotros; no es la fe fuerte. Y esto por superficialidad, a veces por indiferencia, ocupados en mil cosas que se consideran más importantes que la fe, o bien por una visión sólo horizontal de la vida. Pero es precisamente la Resurrección la que nos abre a la esperanza más grande, porque abre nuestra vida y la vida del mundo al futuro eterno de Dios, a la felicidad plena, a la certeza de que el mal, el pecado, la muerte pueden ser vencidos. Y esto conduce a vivir con más confianza las realidades cotidianas, afrontarlas con valentía y empeño. La Resurrección de Cristo ilumina con una luz nueva estas realidades cotidianas. ¡La Resurrección de Cristo es nuestra fuerza!

Audiencia general, 3 de abril de 2013

¡Camina hacia la puerta!

Es un yelmo. Ésta es la esperanza cristiana. Cuando se habla de esperanza, podemos ser llevados a entenderla según

202

la acepción común del término, es decir, en referencia a algo bonito que deseamos, pero que puede realizarse o no. Esperamos que suceda, es como un deseo. Se dice, por ejemplo: «¡Espero que mañana haga buen tiempo!», pero sabemos que al día siguiente, sin embargo, puede ser malo... La esperanza cristiana no es así. La esperanza cristiana es la espera de algo que ya se ha cumplido; está la puerta allí, y yo espero llegar a la puerta. ¿Qué tengo que hacer? ¡Caminar hacia la puerta! Estoy seguro de que llegaré a la puerta. Así es la esperanza cristiana: tener la certeza de que yo estoy en camino hacia algo que es, no que yo quiero que sea.

Audiencia general, 1 de febrero de 2017

Todos nos encontraremos ahí arriba

Sabemos que, desde la Revelación, Dios ha preparado una nueva morada y una nueva tierra en la que habita la justicia y cuya bienaventuranza llenará y superará todos los deseos de paz que se levantan en los corazones de los hombres. Ésta es la meta a la que tiende la Iglesia: es, como dice la Biblia, la «Jerusalén nueva», el «Paraíso». Más que de un lugar, se trata de un «estado» del alma donde nuestras expectativas más profundas se realizarán de modo superabundante y nuestro ser, como criaturas y como hijos de Dios, llegará a la plena maduración. Al final seremos revestidos por la alegría, la paz y el amor de Dios de modo completo, sin límite alguno, y estaremos cara a cara con Él (*cf. 1 Cor* 13, 12). Es hermoso pensar esto, pensar en el cielo.

Todos nosotros nos encontraremos allá arriba, todos. Es hermoso, da fuerza al alma.

Audiencia general, 26 de noviembre de 2014

La lentitud del Reino

Inclinarse por Dios y por su Reino no siempre muestra inmediatamente sus frutos. Es una decisión que se toma en la esperanza y que deja a Dios la plena realización. La esperanza cristiana tiende al cumplimiento futuro de la promesa de Dios y no se detiene frente a ninguna dificultad, porque está fundada en la fidelidad de Dios, que nunca falta. Es fiel, es un padre fiel, es un amigo fiel, es un aliado fiel.

Ángelus, 26 de febrero de 2017

Sólo los pobres saben realmente cómo esperar

Cuando una mujer se da cuenta de que está embaraza, cada día aprende a vivir en espera de ver la mirada de ese niño que vendrá. Así también nosotros tenemos que vivir y aprender de estas esperas humanas y vivir la espera de mirar al Señor, de encontrar al Señor. Esto no es fácil, pero se aprende: vivir en la espera. Esperar significa y requiere un corazón humilde, un corazón pobre. Sólo un pobre sabe esperar. Quien está ya lleno de sí y de sus bienes, no sabe poner la propia confianza en nadie más que en sí mismo.

Audiencia general, 1 de febrero de 2017

No dejes consumir el aceite de la esperanza

La esperanza cristiana no es sencillamente un deseo, un auspicio, no es optimismo: para un cristiano, la esperanza es espera, espera ferviente, apasionada de la realización última y definitiva de un misterio, el misterio del amor de Dios, en quien hemos renacido y en quien ya vivimos. Y es espera por alguien que está por llegar: es el Cristo Señor que se hace cada vez más cercano a nosotros, día tras día, y que viene a introducirnos finalmente en la plenitud de su comunión y de su paz. La Iglesia, entonces, tiene la tarea de mantener encendida y bien visible la lámpara de la esperanza, para que pueda seguir resplandeciendo como signo seguro de salvación e iluminando a toda la humanidad el sendero que conduce al encuentro con el rostro misericordioso de Dios.

Audiencia general, 15 de octubre de 2014

Sé un signo que anticipa las alegrías del cielo

La firme certeza de ser amados por Dios está en el centro de su vocación: ser para los demás un signo tangible de la presencia del Reino de Dios, un anticipo del júbilo eterno del cielo. Sólo si nuestro testimonio es alegre, atraeremos a los hombres y las mujeres a Cristo. Y esta alegría es un don que se nutre de una vida de oración, de la meditación de la Palabra de Dios, de la celebración de los Sacramentos y de la vida en comunidad, que es muy importante. Cuando éstas faltan, surgirán debilidades y dificultades que oscurecerán la alegría que sentíamos tan dentro al comienzo de nuestro camino.

Discurso, 16 de agosto de 2014

Estás en sus manos

Permanecer firmes en el Señor, en la certeza de que Él no nos abandona, caminar en la esperanza, trabajar para construir un mundo mejor, no obstante las dificultades y los acontecimientos tristes que marcan la existencia personal y colectiva, es lo que cuenta de verdad; es lo que la comunidad cristiana está llamada a hacer para salir al encuentro del «día del Señor».

Jesús en el Evangelio nos exhorta a tener fija en la mente y en el corazón la certeza de que Dios guía nuestra historia y conoce el fin último de las cosas y de los eventos. Bajo la mirada misericordiosa del Señor se descubre la historia en su fluir incierto y en su entramado de bien y de mal. Pero todo aquello que sucede está conservado en Él; nuestra vida no se puede perder porque está en sus manos.

Ángelus, 13 de noviembre de 2016

Para el cristiano no hay distinción entre quién está muerto y quién no, sino entre quién está en Cristo y quién no lo está

Es hermoso percibir cómo hay una continuidad y una comunión de fondo entre la Iglesia que está en el cielo y la que aún está en camino en la tierra. Quienes ya viven junto a Dios pueden, en efecto, sostenernos e interceder por nosotros, rezar por nosotros. Por otro lado, también nosotros estamos siempre invitados a ofrecer obras buenas, oraciones y la Eucaristía misma para aliviar la tribulación de las almas que están todavía esperando la bienaventuranza final. Sí, porque en la perspectiva cristiana la distinción ya no es entre quien está muerto y quien no lo está aún, sino entre quien está en Cristo y quien no lo está. Éste es el elemento determinante, verdaderamente decisivo, para nuestra salvación y para nuestra felicidad.

Audiencia general, 26 de noviembre de 2014

¿Qué nos espera?

Es muy bella la visión del Cielo que hemos escuchado en la primera lectura: el Señor Dios, la belleza, la bondad, la verdad, la ternura, el amor pleno. Nos espera todo esto. Quienes nos precedieron y están muertos en el Señor están allí. Ellos proclaman que fueron salvados no por sus obras —también hicieron obras buenas— sino que fueron salvados por el Señor: «La victoria es de nuestro Dios, que está sentado en el trono, y del Cordero» (*Ap* 7, 10). Es Él quien nos salva, es Él quien al final de nuestra vida nos lleva de la mano como un papá, precisamente a ese Cielo donde están nuestros antepasados. Uno de los ancianos hace una pregunta: «Estos que están vestidos con vestiduras blancas, ¿quiénes son y de dónde han venido?» (v. 13). ¿Quiénes son estos justos, estos santos que están en el

Cielo? La respuesta: «Éstos son los que vienen de la gran tribulación: han lavado y blanqueado sus vestiduras en la sangre del Cordero» (v. 14).

En el Cielo podemos entrar sólo gracias a la sangre del Cordero, gracias a la sangre de Cristo. Es precisamente la sangre de Cristo la que nos justificó, nos abrió las puertas del Cielo. Y si hoy recordamos a estos hermanos y hermanas nuestros que nos precedieron en la vida y están en el Cielo, es porque ellos fueron lavados por la sangre de Cristo. Ésta es nuestra esperanza: la esperanza de la sangre de Cristo. Una esperanza que no defrauda. Si caminamos en la vida con el Señor, Él no decepciona jamás.

Homilía, 1 de noviembre de 2013

¡Esperemos al esposo!

He aquí, entonces, lo que esperamos: ¡que Jesús regrese! La Iglesia esposa espera a su esposo. Debemos, pues, preguntarnos con mucha sinceridad: ¿somos de verdad testigos luminosos y creíbles de esta espera, de esta esperanza? ¿Viven aún nuestras comunidades en el signo de la presencia del Señor Jesús y en la cálida espera de su venida, o bien se presentan cansadas, adormecidas, bajo el peso del agotamiento y de la resignación? ¿Corremos también nosotros el riesgo de agotar el aceite de la fe y el aceite de la alegría? ¡Estemos atentos!

Audiencia general, 15 de octubre de 2014

Que cada acto sea semilla que florece en el jardín de Dios

Si no hubiera referencia al Paraíso y a la vida eterna, el cristianismo se reduciría a una ética, a una filosofía de vida. En cambio, el mensaje de la fe cristiana viene del cielo, es revelado por Dios y va más allá de este mundo. Creer en la resurrección es esencial, para que cada acto nuestro de amor cristiano no sea efímero y sin más utilidad, sino que se convierta en una semilla destinada a florecer en el jardín de Dios, y producir frutos de vida eterna.

Que la Virgen María, Reina del cielo y de la tierra, nos confirme en la esperanza de la resurrección y nos ayude a hacer fructificar en obras buenas la palabra de su Hijo sembrada en nuestros corazones.

Ángelus, 6 de noviembre de 2016

Todo se transforma, y tu alegría será plena

Todo se transforma: el desierto florece, la consolación y la alegría inundan los corazones. Estos signos, anunciados por Isaías como reveladores de la salvación ya presente, se realizan en Jesús. Él mismo lo afirma respondiendo a los mensajeros enviados por Juan Bautista. ¿Qué dice Jesús a estos mensajeros? «Los ciegos ven y los cojos andan, los leprosos quedan limpios y los sordos oyen, los muertos resucitan» (*Mt* 11, 5).

No son palabras, son hechos que demuestran cómo la salvación traída por Jesús aferra a todo el ser humano y le regenera. Dios ha entrado en la historia para liberarnos de la esclavitud del pecado; ha puesto su tienda en medio de nosotros para compartir nuestra existencia, curar nuestras llagas, vendar nuestras heridas y darnos la vida nueva. La alegría es el fruto de esta intervención de salvación y de amor de Dios.

Estamos llamados a dejarnos llevar por el sentimiento de exultación. Este júbilo, esta alegría... Pero un cristiano que no está alegre, algo le falta a este cristiano, ¡o no es cristiano! La alegría del corazón, la alegría dentro que nos lleva adelante y nos da el valor. El Señor viene, viene a nuestra vida como libertador, viene a liberarnos de todas las esclavitudes interiores y exteriores. Es Él quien nos indica el camino de la fidelidad, de la paciencia y de la perseverancia porque, a su llegada, nuestra alegría será plena.

Ángelus, 11 de diciembre de 2016

La regla de vida del creyente «nostálgico» de Dios

La santa nostalgia de Dios brota en el corazón creyente, pues sabe que el Evangelio no es un acontecimiento del pasado sino del presente. La santa nostalgia de Dios nos permite tener los ojos abiertos frente a todos los intentos reductivos y empobrecedores de la vida. La santa nostalgia de Dios es la memoria creyente que se rebela frente a tantos profetas de desventura. Esa nostalgia es la que mantiene viva la esperanza de la comunidad creyente, la cual, semana a semana, implora diciendo: «Ven, Señor Jesús».

Precisamente esta nostalgia fue la que empujó al anciano Simeón a ir todos los días al templo, con la certeza de saber que su vida no terminaría sin poder acunar al Salvador. Fue esta nostalgia la que empujó al hijo pródigo a salir de una actitud de derrota y buscar los brazos de su padre. Fue esta nostalgia la que el pastor sintió en su corazón cuando dejó a las noventa y nueve ovejas en busca de la que estaba perdida, y fue también la que experimentó María Magdalena la mañana del domingo para salir corriendo al sepulcro y encontrar a su Maestro resucitado. La nostalgia de Dios nos saca de nuestros encierros deterministas, esos que nos llevan a pensar que nada puede cambiar. La nostalgia de Dios es la actitud que rompe aburridos conformismos e impulsa a comprometerse por ese cambio que anhelamos y necesitamos. La nostalgia de Dios tiene su raíz en el pasado, pero no se queda allí: va en busca del futuro. Al igual que los Reyes Magos, el creyente «nostálgico» busca a Dios, empujado por su fe, en los lugares más recónditos de la historia, porque sabe en su corazón que allí lo espera el Señor.

Homilía, 6 de enero de 2017

Mantente agarrado a la cuerda del ancla

Hemos escuchado en la segunda Lectura lo que el apóstol Juan decía a sus discípulos: «Mirad qué amor nos ha tenido el Padre para llamarnos hijos de Dios, pues ¡lo somos! El mundo no nos conoce... Somos hijos de Dios y aún no se ha manifestado lo que seremos. Sabemos que, cuando Él se manifieste, seremos semejantes a Él, porque lo veremos tal cual es» (*1 Jn* 3, 1-2). Ver a Dios, ser semejantes a Dios: ésta es nuestra esperanza. Y hoy, precisamente en el día de los santos y antes del día de los muertos, es necesario pensar un poco en la esperanza: esta esperanza que nos acompaña en la vida. Los primeros cristianos pintaban la esperanza con un ancla, como si la vida fuese el ancla lanzada a la orilla del Cielo y todos nosotros en camino hacia esa orilla, agarrados a la cuerda del ancla. Es una hermosa imagen de la esperanza: tener el corazón anclado allí donde están nuestros antepasados, donde están los santos, donde está Jesús, donde está Dios. Ésta es la esperanza que no decepciona; hoy y mañana son días de esperanza.

Homilía, 1 de noviembre de 2013

Tu única tristeza: no ser santo. Tu única miseria: no ser hijo

La pobreza de Cristo que nos enriquece consiste en el hecho de que se hizo carne, cargó con nuestras debilidades y nuestros pecados, comunicándonos la misericordia infinita de Dios. La pobreza de Cristo es la mayor riqueza: la riqueza de Jesús es su confianza ilimitada en Dios Padre, es encomendarse a Él en todo momento, buscando siempre y solamente su voluntad y su gloria. Es rico como lo es un niño que se siente amado por sus padres y los ama, sin dudar ni un instante de su amor y su ternura. La riqueza de Jesús radica en el hecho de ser *el Hijo*, su relación única con el Padre es la prerrogativa soberana de este Mesías pobre. Cuando Jesús nos invita a tomar su «yugo llevadero», nos invita a enriquecernos con esta «rica pobreza» y «pobre riqueza» suyas, a compartir con Él su espíritu filial y fraterno, a convertirnos en hijos en el Hijo, hermanos en el Hermano Primogénito (*cf. Rom* 8, 29).

Se ha dicho que la única verdadera tristeza es no ser santos (L. Bloy); podríamos decir también que hay una única verdadera miseria: no vivir como hijos de Dios y hermanos de Cristo.

Mensaje para la Cuaresma, 2014

QUIEN REZA, VIVE DÍAS SERENOS

LA ORACIÓN COMPLETA
LO HUMANO

Debemos dejar espacio al Espíritu,
para que nos pueda aconsejar.
Y dejar espacio es rezar, rezar para que
Él venga y nos ayude siempre..

7 de mayo de 2014

Por qué el Papa Francisco es feliz...

P. [*Un muchacho*]. *Cada uno, en este mundo, trata de ser fe-*
liz. Pero nos hemos preguntado: ¿usted es feliz? ¿Y por qué?

R. [*Papa Francisco*]. Absolutamente, soy absolutamente
feliz. Y soy feliz porque..., no sé por qué... Quizá porque
tengo un trabajo, no soy un desempleado, tengo un trabajo, un trabajo de pastor. Soy feliz porque he encontrado
mi camino en la vida, y recorrer este camino me hace feliz. Y también es una felicidad tranquila, porque a esta
edad no es la misma felicidad de un joven, hay una diferencia. Cierta paz interior, una paz grande, una felicidad
que también viene con la edad. Es también un camino que
ha tenido siempre problemas; también ahora hay problemas, pero esta felicidad no desaparece con los problemas,
no. Ve los problemas, los sufre y después sigue adelante;

hace algo para resolverlos, y después sigue adelante. Pero en lo profundo del corazón reinan esta paz y esta felicidad. Verdaderamente, para mí es una gracia de Dios. Es una gran gracia. No es mérito mío.

Encuentro con los jóvenes, 31 de marzo de 2014

Cuantos son los hombres, tantos son los modos de rezar

¡Cuántas maneras distintas hay para rezar por nuestro prójimo! Son todas válidas y aceptadas por Dios si se hacen con el corazón. Pienso en particular en las mamás y en los papás que bendicen a sus hijos por la mañana y por la noche. Todavía existe esa costumbre en algunas familias: bendecir al hijo es una oración; pienso en la oración por las personas enfermas, cuando vamos a verlas y rezamos por ellas; en la intercesión silenciosa, a veces con lágrimas, en tantas situaciones difíciles por las que rezar.

Audiencia general, 30 de noviembre de 2016

Reza con tus obras

Ayer vino a Misa en Santa Marta un buen hombre, un empresario. Ese hombre joven tiene que cerrar su fábrica porque no puede y lloraba diciendo: «No soy capaz de dejar sin trabajo a más de 50 familias. Podría declarar la bancarrota de la empresa: me voy a casa con mi dinero, pero mi corazón llorará toda la vida por estas 50 familias». Éste es un buen cristiano que reza con las obras: vino a misa para rezar para que el Señor les dé una salida, no sólo para él, sino para las 50 familias. Éste es un hombre que sabe rezar, con el corazón y con los hechos, sabe rezar por el prójimo. Está en una situación difícil. Y no busca la salida más fácil: «que se las apañen». Éste es un cristiano. ¡Me ha hecho mucho bien escucharle! Y quizá hay muchos así, hoy, en este momento en el cual tanta gente sufre por la falta de trabajo.

Audiencia general, 30 de noviembre de 2016

La verdadera oración cristiana dice «Padre»

Jesús dice que el Padre que está en el Cielo «sabe lo que necesitáis, antes incluso de que se lo pidáis». Por lo tanto, la primera palabra debe ser «Padre». Ésta es la clave de la oración. Sin decir, sin sentir, esta palabra no se puede rezar. ¿A quién rezo? ¿Al Dios omnipotente? Está demasiado lejos. Esto yo no lo siento, Jesús tampoco lo sentía. ¿A quién rezo? ¿Al Dios cósmico? Un poco común en estos días, ¿no? Rezar al Dios cósmico. Esta modalidad politeísta llega con una cultura superficial.

Es necesario, en cambio, «orar al Padre», a Aquel que nos ha generado. Pero no sólo: es necesario rezar al Padre «nuestro», es decir, no al Padre de un «todos» genérico o demasiado anónimo, sino a Aquel «que te ha generado, que te ha dado la vida, a ti, a mí», como persona individual. Es el Padre «que te acompaña en tu camino», quien «conoce toda tu vida, toda; que sabe lo que es bueno y lo que no lo es. Conoce todo... Si no empezamos la oración con esta palabra, no pronunciada por los labios, sino con el corazón, no podemos rezar como cristianos.

Homilía en Santa Marta, 20 de junio de 2013

Deja que el Espíritu rece por ti

Pienso también en el agradecimiento por una bonita noticia que se refiere a un amigo, a un pariente, a un compañero...: «¡Gracias, Señor, por esta cosa bonita!, eso también es rezar por los demás. Dar las gracias al Señor cuando las cosas son bonitas. A veces, como dice san Pablo, «no sabemos rezar como es debido; pero es el Espíritu que intercede por nosotros con gemidos inefables» (*Rom* 8, 26). Es el Espíritu que reza dentro de nosotros. Abramos, entonces, nuestro corazón, de manera que el Espíritu Santo, escrutando los deseos que están en lo más profundo, los pueda purificar y conseguir que se realicen. De todos modos, por nosotros y por los demás, siempre pidamos que se haga la voluntad de Dios, como en el Padre Nuestro, porque su voluntad es seguramente el bien más grande, el bien de un Padre que no nos abandona nunca: rezar y dejar que el Espíritu Santo rece por nosotros. Y esto es bonito en la vida: reza agradeciendo, alabando a Dios, pidiendo algo, llorando cuando hay alguna dificultad, como la de ese hombre. Pero que el corazón esté siempre abierto al Espíritu para que rece en nosotros, con nosotros y por nosotros.

Audiencia general, 30 de noviembre de 2016

Reza el Padre de todos y que ama a todos

¿Dios es un Padre solamente mío? No, es el Padre nuestro, porque yo no soy hijo único. Ninguno de nosotros lo es. Y si no puedo ser hermano, difícilmente puedo llegar a ser hijo de este Padre, porque es un Padre, con certeza, mío, pero también de los demás, de mis hermanos... si yo no estoy en paz con mis hermanos, no puedo decirle Padre a Él. Y así se explica lo que dice inmediatamente Jesús, después de enseñarnos el Padrenuestro: «Si vosotros perdonáis las culpas a los demás, vuestro Padre que está en los cielos os perdonará también a vosotros; pero si vosotros no perdonáis a los demás, tampoco vuestro Padre perdonará vuestras culpas»...

Eso es difícil. Sí, es difícil, no es fácil. Pero Jesús nos prometió el Espíritu Santo. Es Él quien nos enseña, desde dentro del corazón, cómo decir «Padre» y cómo decir «nuestro», haciendo la paz con todos nuestros enemigos.

Homilía en Santa Marta, 20 de junio de 2013

Con la oración hacemos espacio

Volvemos siempre al mismo tema: ¡la oración! Es muy importante la oración. Rezar con las oraciones que todos sabemos desde que éramos niños, pero también rezar con nuestras palabras. Decir al Señor: «Señor, ayúdame, aconséjame, ¿qué debo hacer ahora?». Y con la oración hacemos espacio, a fin de que el Espíritu venga y nos ayude en ese momento, nos aconseje sobre lo que todos debemos hacer. ¡La oración! Jamás olvidar la oración. ¡Jamás! Nadie, nadie, se da cuenta cuando rezamos en el autobús, por la calle: rezamos en silencio con el corazón. Aprovechamos esos momentos para rezar, orar para que el Espíritu nos dé el don de consejo.

Audiencia general, 7 de mayo de 2014

Aprende qué decirle al Señor

Jesús nos enseña: el Padre sabe las cosas. No se preocupen, el Padre manda la lluvia tanto a los justos como a los pecadores; el sol, tanto a los justos como a los pecadores. Deseo que a partir de hoy todos nosotros, durante cinco minutos en la mañana, tomemos la Biblia y recitemos lentamente el Salmo 102... «Alaba, alma mía, al Señor; alabe todo mi ser su santo nombre. Alaba, alma mía, al Señor, y no olvides ninguno de sus beneficios. Él perdona todos tus pecados y sana todas tus dolencias; Él rescata tu vida del sepulcro y te cubre de amor y compasión». Recitarlo todo. Y con esto aprenderemos las cosas que tenemos que decir al Señor, cuando pedimos una gracia.

Homilía en Santa Marta, 1 de julio de 2013

No lo que me guste a mí, sino lo que le guste a Él

En la intimidad con Dios y en la escucha de su Palabra, poco a poco, dejamos a un lado nuestra lógica personal, impuesta la mayoría de las veces por nuestras cerrazones, nuestros prejuicios y nuestras ambiciones, y aprendemos, en cambio, a preguntar al Señor: ¿cuál es tu deseo?, ¿cuál es tu voluntad?, ¿qué te gusta a ti? De este modo madura en nosotros una *sintonía profunda*, casi connatural en el Espíritu y se experimenta cuán verdaderas son las palabras de Jesús que nos presenta el Evangelio de Mateo: «No os preocupéis de lo que vais a decir o de cómo lo diréis: en aquel momento se os sugerirá lo que tenéis que decir, porque no seréis vosotros los que habléis, sino que el Espíritu de vuestro Padre hablará por vosotros» (*Mt* 10, 19-20).

Audiencia general, 7 de mayo de 2014

Familias que rezan juntas

Quisiera preguntarles a ustedes, queridas familias: ¿Rezan alguna vez en familia? Algunos sí, lo sé. Pero muchos me dicen: Pero ¿cómo se hace? Se hace como el publicano, es claro: humildemente, delante de Dios. Cada uno con humildad se deja ver por el Señor y le pide su bondad, que venga a nosotros. Pero, en familia, ¿cómo se hace? Porque parece que la oración es algo personal, y además nunca se encuentra el momento oportuno, tranquilo, en familia... Sí, es verdad, pero es también cuestión de humildad, de reconocer que tenemos necesidad de Dios, como el publicano. Y todas las familias tenemos necesidad de Dios: todos, todos. Necesidad de su ayuda, de su fuerza, de su bendición, de su misericordia, de su perdón. Y se requiere sencillez. Para rezar en familia se necesita sencillez.

Rezar juntos el Padrenuestro, alrededor de la mesa, no es algo extraordinario: es fácil. Y rezar juntos el Rosario, en familia, es muy bello, da mucha fuerza. Y rezar también el uno por el otro: el marido por la esposa, la esposa por el marido, los dos por los hijos, los hijos por los padres, por los abuelos... Rezar el uno por el otro. Esto es rezar en familia, y esto hace fuerte a la familia: la oración.

Homilía, 22 de octubre de 2013

LAS ORACIONES DEL PAPA FRANCISCO PARA UNA VIDA PLENA

*No sé si quizás esto suena mal,
pero rezar es un poco como molestar
a Dios, para que nos escuche.*

6 de diciembre de 2013

La oración de los hijos, aprendida de Jesús

Padre nuestro, que estás en el cielo,
santificado sea tu Nombre;
venga a nosotros tu reino;
hágase tu voluntad, en la tierra como en el cielo.
Danos hoy nuestro pan de cada día;
perdona nuestras ofensas,
como también nosotros perdonamos a los
que nos ofenden;
no nos dejes caer en la tentación,
y líbranos del mal.

Amén.

El salmo de la alegría del hombre cumplido
(citado por el Papa Francisco en la apertura de Amoris laetitia)

Bienaventurado todo aquel que teme al Señor
y que anda en Sus caminos.
Cuando comas del trabajo de tus manos,
dichoso serás y te irá bien.
Tu mujer será como fecunda vid
en el interior de tu casa;
y tus hijos como plantas de olivo
alrededor de tu mesa.
Así será bendecido
el hombre que teme al Señor.
El Señor te bendiga desde Sion.
¡Verás la prosperidad de Jerusalén
todos los días de tu vida!
¡Y verás a los hijos de tus hijos!
¡Paz sea sobre Israel!

Sal 128, 1-6

El salmo de quien quiere aprender qué pedir a Dios
(El Papa Francisco invita a leerlo cada día, lentamente)[1]

Alaba, alma mía, al Señor;
alabe todo mi ser su santo nombre.

1 Véase *Homilía en Santa Marta*, citada en pág. 222.

Alaba, alma mía, al Señor,
y no olvides ninguno de sus beneficios.

Él perdona todos tus pecados
y sana todas tus dolencias;
Él rescata tu vida del sepulcro
y te cubre de amor y compasión;
Él colma de bienes tu vida
y te rejuvenece como a las águilas.

El Señor hace justicia
y defiende a todos los oprimidos.
Dio a conocer sus caminos a Moisés;
reveló sus obras al pueblo de Israel.
El Señor es clemente y compasivo,
lento para la ira y grande en amor.
No sostiene para siempre su querella
ni guarda rencor eternamente.
No nos trata conforme a nuestros pecados
ni nos paga según nuestras maldades.

Tan grande es su amor por los que le temen
como alto es el cielo sobre la tierra.
Tan lejos de nosotros echó nuestras transgresiones
como lejos del oriente está el occidente.
Tan compasivo es el Señor con los que le temen
como lo es un padre con sus hijos.
Él conoce nuestra condición;
sabe que somos de barro.

El hombre es como la hierba,
sus días florecen como la flor del campo:
sacudida por el viento,
desaparece sin dejar rastro alguno.
Pero el amor del Señor es eterno
y siempre está con los que le temen;
su justicia está con los hijos de sus hijos,
con los que cumplen su pacto
y se acuerdan de sus preceptos
para ponerlos por obra.

El Señor ha establecido su trono en el cielo;
su reinado domina sobre todos.
Alaben al Señor, ustedes sus ángeles,
paladines que ejecutan su Palabra
y obedecen su mandato.
Alaben al Señor, todos sus ejércitos,
siervos suyos que cumplen su voluntad.
Alaben al Señor, todas sus obras
en todos los ámbitos de su dominio.
¡Alaba, alma mía, al Señor!

Sal 102 (103)

Oración para quien quiere volver

Señor:
Me he dejado engañar,
de mil maneras escapé de tu amor,
pero aquí estoy, estoy otra vez

para renovar mi alianza contigo.
Te necesito.
Rescátame de nuevo, Señor,
acéptame una vez más entre tus brazos, esos brazos
    redentores.

Evangelii gaudium, 2

Reza, María, por nosotros peregrinos en el tiempo

Gracias, oh, Santa Madre del Hijo de Dios, Jesús,
¡Santa Madre de Dios!
Gracias por tu humildad
que ha atraído la mirada de Dios;
gracias por la fe con la cual has acogido su Palabra;
gracias por la valentía con la cual has dicho
    «aquí estoy»,
olvidada de sí misma, fascinada por el Amor Santo,
convertida en una única cosa junto con su esperanza.
Gracias, ¡oh, Santa Madre de Dios!
Reza por nosotros, peregrinos del tiempo;
ayúdanos a caminar por la vía de la paz.
        Amén.

Ángelus, 1 de enero de 2017

Sostén, Madre, la espera confiada de nuestro corazón

María, Madre nuestra,
que en Cristo nos acoges como hijos,
fortalece en nuestros corazones la espera confiada,
auxílianos en nuestras enfermedades y sufrimientos,
guíanos hasta Cristo, hijo tuyo y hermano nuestro,
y ayúdanos a encomendarnos al Padre que realiza
obras grandes.

Mensaje para la Jornada del Enfermo, 2017

Para las vocaciones de mujeres y hombres felices

Padre de misericordia,
que has entregado a tu Hijo por nuestra salvación
y nos sostienes continuamente con los dones de tu
    Espíritu,
concédenos comunidades cristianas vivas, fervorosas y
    alegres,
que sean fuentes de vida fraterna
y que despierten entre los jóvenes el deseo de consagrarse
a Ti y a la evangelización.
Sostenlas en el empeño
de proponer a los jóvenes una adecuada catequesis
    vocacional
y caminos de especial consagración.
Dales sabiduría

para el necesario discernimiento de las vocaciones
de modo que en todo brille
la grandeza de tu amor misericordioso.
Que María, Madre y educadora de Jesús,
interceda por cada una de las comunidades cristianas,
para que, hechas fecundas por el Espíritu Santo,
sean fuente de auténticas vocaciones
al servicio del pueblo santo de Dios.

Mensaje para la Jornada de las Vocaciones, 2016

Cuando nos presentemos ante ti
*(Oración de difuntos del Padre Antonio Rungi,
recitada por el Papa Francisco durante el Ángelus)*

Dios de infinita misericordia,
encomendamos a tu inmensa bondad
a cuantos dejaron este mundo por la eternidad,
en la que tú esperas a toda la humanidad
redimida por la sangre preciosa de Cristo,
tu Hijo, muerto en rescate por nuestros pecados.

No tengas en cuenta, Señor, las numerosas pobrezas,
miserias y debilidades humanas
cuando nos presentemos ante tu tribunal
a fin de ser juzgados para la felicidad o para
     la condena.
Dirige a nosotros tu mirada piadosa,
que nace de la ternura de tu corazón,
y ayúdanos a caminar

por la senda de una completa purificación.
Que no se pierda ninguno de tus hijos
en el fuego eterno del infierno,
en donde no puede haber arrepentimiento.
Te encomendamos, Señor, las almas de nuestros
    seres queridos,
de las personas que murieron
sin el consuelo sacramental
o no tuvieron ocasión de arrepentirse
ni siquiera al final de su vida.

Que nadie tema encontrarse contigo
después de la peregrinación terrena,
con la esperanza de ser acogido en los brazos
de tu infinita misericordia.

Que la hermana muerte corporal nos encuentre
    vigilantes en la oración
y cargados con todo el bien que hicimos durante
    nuestra breve
o larga existencia.
Señor, que nada nos aleje de ti en esta tierra,
sino que todo y todos nos sostengan
en el ardiente deseo de descansar serena
y eternamente en ti. Amén

2 de noviembre de 2014

Oración del hombre de paz

Señor, Dios de paz, ¡escucha nuestra súplica!

Hemos intentado muchas veces y durante muchos años resolver nuestros conflictos con nuestras fuerzas, y también con nuestras armas; tantos momentos de hostilidad y de oscuridad; tanta sangre derramada; tantas vidas destrozadas; tantas esperanzas abatidas... Pero nuestros esfuerzos han sido en vano. Ahora, Señor, ayúdanos tú. Danos tú la paz, enséñanos tú la paz, guíanos tú hacia la paz. Abre nuestros ojos y nuestros corazones, y danos la valentía para decir: «¡Nunca más la guerra!»; «con la guerra, todo queda destruido». Infúndenos el valor de llevar a cabo gestos concretos para construir la paz. Señor, Dios de Abraham y los Profetas, Dios amor que nos has creado y nos llamas a vivir como hermanos, danos la fuerza para ser cada día artesanos de la paz; danos la capacidad de mirar con benevolencia a todos los hermanos que encontramos en nuestro camino. Haznos disponibles para escuchar el clamor de nuestros ciudadanos que nos piden transformar nuestras armas en instrumentos de paz, nuestros temores en confianza y nuestras tensiones en perdón. Mantén encendida en nosotros la llama de la esperanza para tomar con paciente perseverancia opciones de diálogo y reconciliación, para que finalmente triunfe la paz. Y que sean desterradas del corazón de todo hombre estas palabras: división, odio, guerra. Señor, desarma la lengua y las manos, renueva los corazones y las mentes, para que la palabra que nos lleva al encuentro sea siempre «hermano», y el estilo de nuestra vida se convierta en shalom, paz, salam. Amén.

Oración por la paz, 8 de junio de 2014

A María, la mujer de la escucha

María, mujer de la escucha,
haz que se abran nuestros oídos;
que sepamos escuchar la Palabra
de tu Hijo Jesús entre las miles de palabras de este
    mundo;
haz que sepamos escuchar la realidad en la que vivimos,
a cada persona que encontramos,
especialmente a quien es pobre, necesitado, tiene
    dificultades.

María, mujer de la decisión,
ilumina nuestra mente y nuestro corazón,
para que sepamos obedecer la Palabra
de tu Hijo Jesús sin vacilaciones;
danos la valentía de la decisión,
de no dejarnos arrastrar
para que otros orienten nuestra vida.

María, mujer de la acción,
haz que nuestras manos y nuestros pies
se muevan «deprisa» hacia los demás,
para llevar la caridad y el amor de tu Hijo Jesús,
para llevar, como tú, la luz del Evangelio al mundo.
Amén.

Homilía, 31 de mayo de 2013

Para las comunidades y las vocaciones consagradas en la Iglesia

Padre de misericordia,
que has entregado a tu Hijo por nuestra salvación
y nos sostienes continuamente con los dones de tu
Espíritu,
concédenos comunidades cristianas vivas, fervorosas y
alegres
que sean fuentes de vida fraterna y que despierten entre
los jóvenes
el deseo de consagrarse a Ti y a la evangelización.
Sostenlas en el empeño
de proponer a los jóvenes una adecuada catequesis
vocacional
y caminos de especial consagración.
Dales sabiduría
para el necesario discernimiento de las vocaciones
de modo que en todo brille la grandeza
de tu amor misericordioso.
Que María, Madre y educadora de Jesús,
interceda por cada una de las comunidades cristianas,
para que, hechas fecundas por el Espíritu Santo,
sean fuente de auténticas vocaciones
al servicio del pueblo santo de Dios.

Mensaje, 29 de noviembre de 2015

Oración del Jueves Santo para los sacerdotes

En este Jueves sacerdotal le pido al Señor Jesús que cuide el brillo alegre en los ojos de los recién ordenados, que salen a comerse el mundo, a desgastarse en medio del pueblo fiel de Dios, que gozan preparando la primera homilía, la primera misa, el primer bautismo, la primera confesión... Es la alegría de poder compartir —maravillados—, por vez primera como ungidos, el tesoro del Evangelio y sentir que el pueblo fiel te vuelve a ungir de otra manera: con sus pedidos, poniéndote la cabeza para que los bendigas, tomándote las manos, acercándote a sus hijos, pidiendo por sus enfermos...

> Cuida Señor
> en tus jóvenes sacerdotes
> la alegría de salir,
> de hacerlo todo como nuevo,
> la alegría de quemar la vida por ti.

En este Jueves sacerdotal le pido al Señor Jesús que confirme la alegría sacerdotal de los que ya tienen varios años de ministerio. Esa alegría que, sin abandonar los ojos, se sitúa en las espaldas de los que soportan el peso del ministerio, esos curas que ya le han tomado el pulso al trabajo, reagrupan sus fuerzas y se rearman: «cambian el aire», como dicen los deportistas.

> Cuida Señor
> la profundidad y sabia madurez

de la alegría de los curas adultos.
Que sepan rezar como Nehemías:
«la alegría del Señor es mi fortaleza» (*cf. Ne* 8, 10).

Por fin, en este Jueves sacerdotal, pido al Señor Jesús que resplandezca la alegría de los sacerdotes ancianos, sanos o enfermos. Es la alegría de la Cruz, que mana de la conciencia de tener un tesoro incorruptible en una vasija de barro que se va deshaciendo. Que sepan estar bien en cualquier lado, sintiendo en la fugacidad del tiempo el gusto de lo eterno (Guardini).

> Que sientan, Señor,
> la alegría de pasar la antorcha,
> la alegría de ver crecer a los hijos de los hijos
> y de saludar, sonriendo y mansamente,
> las promesas, en esa esperanza que no defrauda.

Homilía, 17 de abril de 2014

Oración a la Virgen para que nos transforme el corazón

Virgen y Madre María,
tú que, movida por el Espíritu,
acogiste al Verbo de la vida
en la profundidad de tu humilde fe,
totalmente entregada al Eterno,
ayúdanos a decir nuestro «sí»
ante la urgencia, más imperiosa que nunca,

de hacer resonar la Buena Noticia de Jesús.
Tú, llena de la presencia de Cristo,
llevaste la alegría a Juan el Bautista,
haciéndolo exultar en el seno de su madre.
Tú, estremecida de gozo,
cantaste las maravillas del Señor.
Tú, que estuviste plantada ante la cruz
con una fe inquebrantable
y recibiste el alegre consuelo de la resurrección,
recogiste a los discípulos en la espera del Espíritu
para que naciera la Iglesia evangelizadora.
Consíguenos ahora un nuevo ardor de resucitados
para llevar a todos el Evangelio de la vida
que vence a la muerte.
Danos la santa audacia de buscar nuevos caminos
para que llegue a todos
el don de la belleza que no se apaga.
Tú, Virgen de la escucha y la contemplación,
madre del amor, esposa de las bodas eternas,
intercede por la Iglesia, de la cual eres el icono
    purísimo,
para que ella nunca se encierre ni se detenga
en su pasión por instaurar el Reino.
Estrella de la nueva evangelización,
ayúdanos a resplandecer en el testimonio de la
    comunión,
del servicio, de la fe ardiente y generosa,
de la justicia y el amor a los pobres,
para que la alegría del Evangelio
llegue hasta los confines de la tierra

y ninguna periferia se prive de su luz.
Madre del Evangelio viviente,
manantial de alegría para los pequeños,
ruega por nosotros.
Amén. Aleluya.

Evangelii gaudium, 288

Oración de Santa Faustina
(que el Papa Francisco invitó a todos a recitar
en el mensaje para la JMJ, 2016)

Ayúdame, oh, Señor, a que
mis ojos sean misericordiosos,
para que yo jamás recele
o juzgue según las apariencias,
sino que busque lo bello
en el alma de mi prójimo y acuda a ayudarla...
a que mis oídos sean misericordiosos
para que tome en cuenta las necesidades
    de mi prójimo
y no sea indiferente
a sus penas y gemidos...
a que mi lengua sea misericordiosa
para que jamás critique a mi prójimo
sino que tenga una palabra de consuelo
y perdón para todos...
a que mis manos sean misericordiosas
y llenas de buenas obras...;
a que mis pies sean misericordiosos

para que siempre me apresure a socorrer a mi prójimo,
dominando mi propia fatiga y mi cansancio...;
a que mi corazón sea misericordioso
para que yo sienta todos los sufrimientos de mi prójimo.

HERMANA FAUSTINA KOWALSKA, *Diario*, 163

CRONOLOGÍA ESENCIAL
DE LA VIDA DEL PAPA

17 de diciembre de 1936
Jorge Mario Bergoglio nace en Buenos Aires de una familia oriunda de Asti (Turín, Italia).

1957
Después de graduarse como licenciado en química, escoge la vía del sacerdocio y entra en el seminario diocesano de Villa Devoto.

11 de marzo de 1958
Entra en el noviciado de la Compañía de Jesús y, dos años después, toma los primeros votos.

13 de diciembre de 1969
Es ordenado sacerdote.

22 de abril de 1973
Hace su juramento final como jesuita.

31 de julio de 1973
Es nombrado superior provincial de los jesuitas en Argentina.

1980
Es nombrado rector del Colegio San José.

20 de mayo de 1992
Es nombrado por Juan Pablo II obispo auxiliar de Buenos Aires.

21 de diciembre de 1993
Es nombrado vicario general de la Arquidiócesis.

3 de junio de 1997
Es promovido a arzobispo coadjutor de Buenos Aires y, al año siguiente, le nombran guía de la Arquidiócesis, volviéndose también primado de Argentina.

21 de febrero de 2001
Es ordenado cardenal por Juan Pablo II.

2005
Participa en el cónclave en el que eligen a Benedicto XVI.

13 de marzo 2013
Es elegido Sumo Pontífice y toma el nombre de Francisco: primer Papa latinoamericano, primer Papa jesuita, primer Papa con el nombre de Francisco.

ÍNDICE

CUARTA PARTE
QUIEN REZA, VIVE DÍAS SERENOS

ORIGEN

OTROS TÍTULOS DEL PAPA FRANCISCO

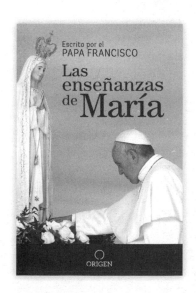

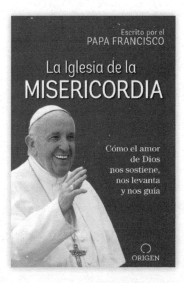